大仏はなぜ紫香楽で造られたのか

―聖武天皇とその時代―

SUNRISE

㈶滋賀県文化財保護協会

1　膳所城下町遺跡（禾津頓宮跡）全景（滋賀県教育委員会提供）

2　膳所城下町遺跡（禾津頓宮跡）大型掘立柱建物（滋賀県教育委員会提供）

3　宮町遺跡（紫香楽宮跡）朝堂全景（甲賀市教育委員会提供）

4　宮町遺跡（紫香楽宮跡）復元ＣＧ（甲賀市教育委員会提供）

5　宮町遺跡（紫香楽宮跡）出土土器（甲賀市教育委員会提供）

6　甲賀寺跡（史跡紫香楽宮跡）僧房跡（撮影　寿福滋）

7　甲賀寺跡（史跡紫香楽宮跡）復元CG
（甲賀市教育委員会提供）

8　鍛冶屋敷遺跡　全景（滋賀県教育委員会提供）

9　鍛冶屋敷遺跡　梵鐘鋳造遺構（滋賀県教育委員会提供）

10　復元された梵鐘鋳型中子（滋賀県立安土城考古博物館蔵）

11　誕生釈迦仏立像（善水寺蔵）

12　天部形立像（蜊江神社蔵）

発刊にあたって

財団法人滋賀県文化財保護協会は、滋賀県内の歴史上あるいは学術上、価値の高い文化遺産の調査や研究を行い、その保護・活用を図ることを目的に昭和四十五年に設立され、今年で三十五周年の節目を迎えました。設立当初は、埋蔵文化財の発掘調査を中心に事業を行ってきましたが、三十五年が経過した今日では、文化遺産の普及啓発や文化財保護資金の貸付、さらには滋賀県立安土城考古博物館・琵琶湖文化館、また、滋賀県埋蔵文化財センターの管理運営にも取り組み、これらの事業を通じて、多くの皆様に文化財への関心と理解を深めていただけるよう努めているところであります。安土城考古博物館では、平成四年の開館以来、弥生・古墳時代の考古分野と安土城・観音寺城を中心とした城郭の分野で、また、琵琶湖文化館におきましては、県内に数多く存在する仏教美術を中心とした美術工芸品の分野で、それぞれ展示を行っており、両館とも今日まで多くの方々にご来館をいただいております。

発掘・整理調査は、この三十五年間で約二千件の調査を手がけてきました。その中には、大津宮と推定される大津市錦織遺跡や琵琶湖の湖底に眠っていた粟津貝塚や古代の勢多橋など多くの重要な発見がありました。

近年では、聖武天皇の東国行幸に関わる膳所城下町遺跡や大仏造立に関わる鍛冶屋敷遺跡などの調査が進み、甲賀市教育委員会が進める宮町遺跡（紫香楽宮）の調査と併せて、聖武天皇に関わる調査が話題を呼びました。

こうした機会に、県内外の発掘調査による最新の成果と天平文化の精髄を示す美術資料から聖武天皇時代の近江の実像に迫ってみようということで、滋賀県教育委員会との共催、大津市教育委員会・甲賀市教育委員会の後援により、三十五周年記念展覧会「聖武天皇とその時代―天平文化と近江―」の開催に併せ、その記念講演会を八月七日に、シンポジウムを八月十四日に開催しました。

講演会・シンポジウムでは、直木孝次郎（大阪市立大学名誉教授）・井上一稔（同志社大学教授）・遠山美都男（学習院大学講師）の各先生に、聖武天皇やその時代の政治情勢、また近江の天平彫刻について、歴史・美術史等の各専門の立場からご講演いただくとともに、膳所城下町遺跡・鍛冶屋敷遺跡の最新の調査事例について当協会の調査担当者から報告いたしました。

今回、講演会・シンポジウムの記録集『大仏はなぜ紫香楽で造られたのか―聖武天皇とその時代―』を発刊することができました。本書が、近江の豊かで奥深い歴史に親しんでいただき、また歴史的文化遺産の大切さを知っていただくきっかけとなれば幸いです。

最後になりましたが、講演会・シンポジウムの開催ならびにこの記録集の作成に際し、格別のご協力を賜りました講師の先生方をはじめ関係機関・関係各位に厚くお礼申し上げます。

平成十七年十一月

財団法人滋賀県文化財保護協会理事長　小川啓雄

目次

発刊にあたって

第一部　聖武天皇とその時代―天平文化と近江―

【講演1】

紫香楽宮の造営と難波宮　直木孝次郎　8

【講演2】

近江の天平彫刻について　井上一稔　46

第二部　大仏はなぜ紫香楽で造られたのか

【基調講演】

聖武天皇の東国行幸と皇位継承問題　遠山美都男　76

【事例報告1】
禾津頓宮とそのあとさき
―大津市膳所城下町遺跡の調査― 大崎哲人 112

【事例報告2】
紫香楽甲賀寺における大仏造営
―甲賀市信楽町鍛冶屋敷遺跡の調査から― 畑中英二 138

【討論】 169
パネラー／遠山美都男
大崎哲人
畑中英二
コーディネーター／大橋信弥

関係年表

〔凡　例〕

●本書は、財団法人滋賀県文化財保護協会設立三十五周年記念展『聖武天皇とその時代―天平文化と近江―』の記念講演会および記念シンポジウムの記録集である。第一部として平成十七年八月七日にピアザ淡海で開催した記念講演会「聖武天皇とその時代―天平文化と近江―」の、また、第二部として八月十四日に滋賀県立安土城考古博物館で開催した記念シンポジウム「彷徨五年―聖武天皇とその時代―」（本書では「大仏はなぜ紫香楽で造られたのか」に改題）の記録を所収した。

●本書の作成にあたっては、講演会・シンポジウムに出講いただいた直木孝次郎・井上一稔・遠山美都男の各氏（掲載順）のご協力を得た。

●掲載写真は、大津市歴史博物館・甲賀市教育委員会・財団法人大阪市文化財協会・滋賀県教育委員会・石山寺・鶏足寺・善水寺・蜊江神社・唐招提寺・東大寺・法伝寺・小笠原好彦の各機関・各氏のご協力を得た。また表紙写真については寿福　滋氏のご協力を得た。

●報告・講演で例示された写真・図・表については、出典・所蔵等を記して本文中に適宜挿入した。

●報告・講演で引用された文献史料は、本文中に適宜挿入した。

●本書の編集は、財団法人滋賀県文化財保護協会、滋賀県立安土城考古博物館、滋賀県立琵琶湖文化館が共同してあたった。

第一部　聖武天皇とその時代

—天平文化と近江—

講演1

紫香楽宮の造営と難波宮

大阪市立大学名誉教授

直木　孝次郎

最初に地図をご覧ください。この地図の真ん中よりちょっと下に見えるのが平城《へいじょう》京《きょう》でございます。平城京の右上、東北にあるのが恭仁《くに》京《きょう》。これが今日の話の出発地点になります。恭仁京から三十キロメートルほど東北に行きますと近江国の紫香楽宮《しがらきのみや》になります。恭仁宮は南山城、京都府の南部です。

それからもうひとつ、難波宮《なにわのみや》はむろん、いまの大阪にありますが、平城から西のほうへ、これも三十キロメートルと少しあるかと思います。ただし難波へは途中、高安山や生駒山を越えて行きます。そういう位置関係です。いま琵琶湖西側のところに書いてある大津宮は、現在の大津の中心よりは少し北で、いま私たちのいるこのピアザ淡海の建物があるところは、この地図の大津宮よりはちょっと南東になるのでないかと思います。だいたいそういう位置関係であるということをご覧いただいて、はじめへ戻ります。

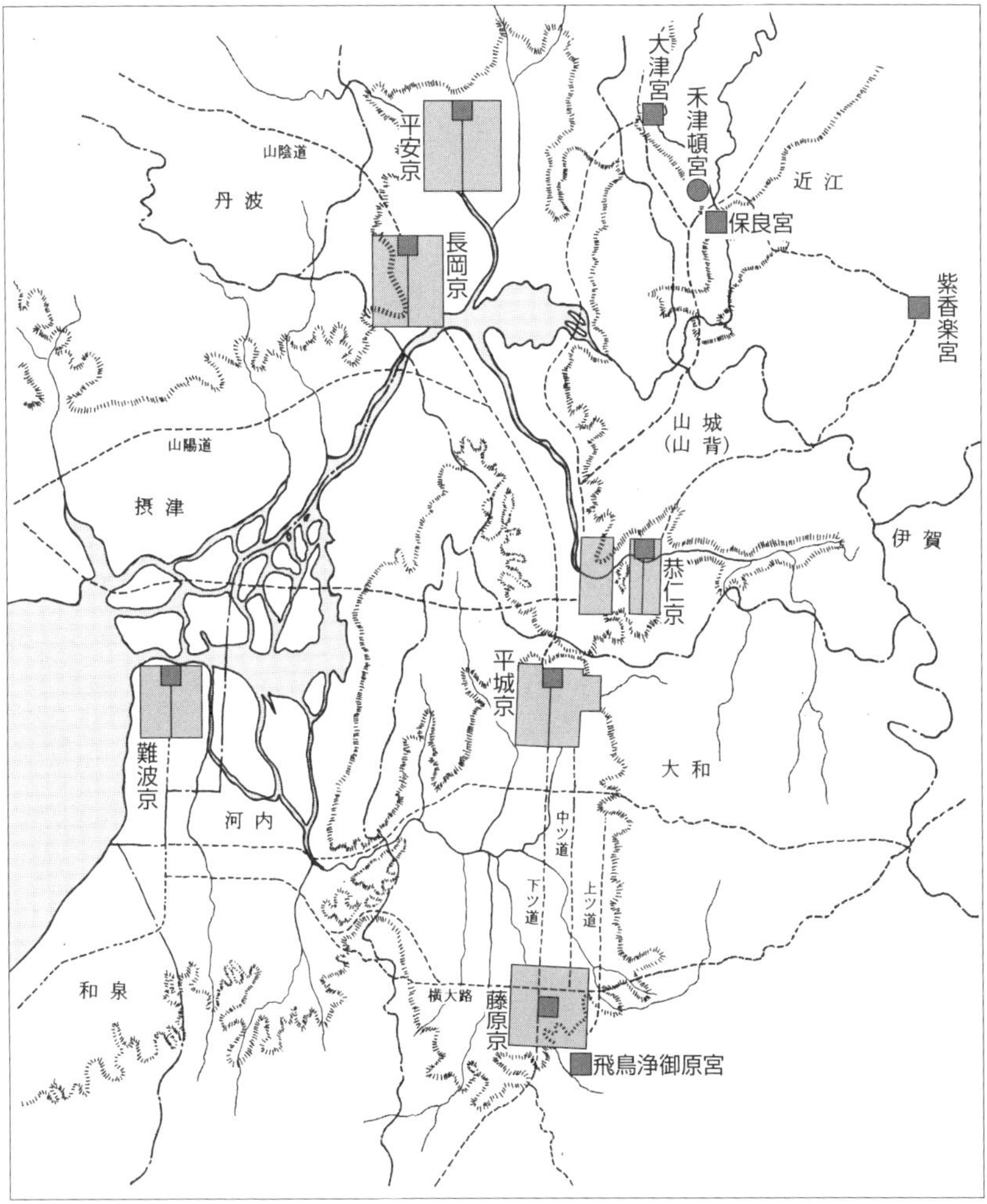
大津宮
禾津頓宮
近江
保良宮
紫香楽宮
平安京
山陰道
丹波
長岡京
山陽道
摂津
山城
(山背)
伊賀
恭仁京
平城京
難波京
大和
河内
中ツ道
下ツ道
上ツ道
和泉
横大路
藤原京
飛鳥浄御原宮

図1　古代宮都の位置図

紫香楽宮の造営と廃止

　せっかく立派な平城京をつくったのに、なぜ紫香楽へ都を置こうとしたか、紫香楽宮の造営について簡単に申します。天平十二年八月に藤原広嗣《ひろつぐ》という藤原不比等の孫のひとりが九州で反乱を起こします。その反乱は二カ月後にだいたい鎮圧されるのですが、その乱が鎮圧に近づいた十月に聖武《しょうむ》天皇は平城京を出ます。いま世のなかが騒がしくなっているので、暫く不破関《ふわのせき》の東へ行く、という意味の詔を出して、平城京から伊賀、伊勢を経て美濃国《みののくに》の不破関まで行って、それから近江へ戻ります。十一月の初めには、広嗣の乱を鎮定したという報告が来ていたのですが、予定のコースだったのでしょう。そういうところをずっと回って、十二年十二月に南山背の恭仁宮へ行きます。

　恭仁宮には以前から離宮があって、ときどき天皇は行っていました。聖武天皇も、それ以前の天皇もときどき行っていたのですが、そこに腰を据えて、恭仁京として、都をつくるということになったわけです。

　だからそこに本格的な宮をつくるのかと思いますと、これは確かに着手いたしまして、条坊の整備や大極殿を中心とする宮城の設備などもある程度できたのですが、天平十二年十二月に恭仁へ落ち着いて二年もたたない天平十四年八月から、『続日本紀』の表1にまとめた記事がはじまります。

　天平十四年八月十一日、「詔《みことのり》して曰《のたま》はく、朕《われ》、近江国甲賀郡紫香楽村に行幸《みゆき》せんとす」。これが紫香楽が出てくる最初でございます。これは紫香楽に行くという前触れで、実際には半月あま

表１　紫香楽宮の造営と廃止

年号（西暦）	月日	事　　　　柄
天平14（742）	8.11	詔して曰はく、「朕近江国甲賀郡紫香楽村に行幸せんとす」と。造離宮司を任命。
	8.27	紫香楽宮に行幸。即日到着。
	9. 4	車駕、恭仁宮に還る。
	12.29	紫香楽宮に行幸する。
天平15（743）	1. 2	車駕、紫香楽宮より（恭仁宮に）至る。
	4. 3	紫香楽に行幸する。
	4.16	車駕、（恭仁）宮に還る。
	7.26	紫香楽宮に行幸する。
	9.21	甲賀郡の調・庸を畿内に準じて収む（調は半減、庸は全免）。
	10.15	大仏造願の詔を発す。
	10.16	東海・東山・北陸・二十五国の調・庸を紫香楽宮に貢せしめる。
	10.19	皇帝、紫香楽宮に御し、大仏を作るために寺の地を開く。
	11. 2	天皇、恭仁宮に還る。紫香楽宮に留連すること凡そ４カ月。
	12.24	恭仁宮を造ること４年、更に紫香楽宮を造る。仍って恭仁宮の造作を停む。
天平16（744）	2.24	三嶋（摂津）を取り、紫香楽に行幸する。
	4.13	紫香楽宮の西北の山に火あり。
	8. 5	蒲生郡と神前郡の大領に褒賞、消火に努めたことに依る。
	11.13	甲賀寺に大仏の骨柱を建てる。天皇、親らその縄を引く。
	11.17	太上天皇（元正）、難波より至る。
天平17（745）	4. 1	市の西山に火。
	4. 3	寺の東の山に火。
	4.11	宮城の東の山に火。
	4.27	通夜、地震。
	5. 1	地震。
	5. 2	地震。
	5. 3	地震（３日から10日、連日）。16.18日も地震。
	5. 4	四大寺の僧を集めて、京とすべき処を問う。みな曰く「平城」。
	5. 5	車駕、恭仁宮に還る。
	5.11	甲賀宮に人無く、盗賊充ち、火も亦滅えず。
		是日、平城へ行幸、中宮院を御在所とし、旧の皇后の宮を宮寺とす。

りのちの八月二十七日に行って九月四日、一週間ぐらいで帰ってきます。

その次は十二月二十九日に行って、翌年の一月二日に帰ってくる。これは足かけ四日間です。それから天平十五年四月三日から十六日までまた行く。そして七月二十六日からは三月あまり紫香楽に滞在して、結局十一月二日になって帰ってくる。このあいだに、紫香楽宮造営を中心とする法令をいろいろ出しております。

特に重要なのは十月十五日の大仏造顕《ぞうけん》の詔です。紫香楽に大仏をつくるという詔を発しております。それからその翌日には、「東海・東山・北陸二十五国の調・庸を紫香楽宮に貢せしむ」という詔を出す。これは大仏をつくる費用も考えてのことかと思いますが、紫香楽を都とすることが前提になった処置だと思います。

そしてその数日後に、天皇は紫香楽宮に出御し、大仏をつくるために寺の地を開くことに着手する。大仏造営の準備でしょう。十一月に恭仁宮に帰ってくるわけですが、帰ってきて一月あまりのちの十二月二十四日には、恭仁宮を足かけ四年間つくってきたけれども、もう打ち切る、なぜかというと紫香楽宮をつくるからだという詔を出しているのです。

ですから、いよいよ天皇は本腰を入れて紫香楽へ移るのだなと、これは誰も思うわけです。表1は紫香楽中心の年表ですから、十二月二十四日のあとがちょっと途切れ次は天平十六年二月二十四日となりますが、その前の天平十六年閏正月十一日に、聖武天皇は難波へ行幸しています。その難波行幸の話をこれから申しあげて、それから天平十六年二月二十四日へ戻ります。

表2　聖武天皇の難波行幸

年号（西暦）	月	事　　　柄
神亀2年（725）	10	天皇、難波宮に幸す。（数日で帰京か）
神亀3年（726）	10	天皇、難波宮に幸す。（同月帰京）
神亀5年（728）	?	天皇、難波宮に幸す。（万葉集、巻6、950〜953）
天平6年（734）	3	天皇、難波宮に幸す。（同月帰京）
天平12年（740）	2	天皇、難波宮に幸す。（同月帰京）
天平16年（744）	閏1	天皇、難波宮に幸す。（翌月、三嶋路を経て、紫香楽宮に幸す）
天平17年（745）	8	天皇、難波宮に幸す。（難波で大病、重篤。9月、帰京）

表3　歴代天皇の難波宮行幸回数

天皇	治世年数	回　数
文武	11	2
元明	8	0(1)
元正	8	1
聖武	26	7
孝謙	9	1
淳仁	9	0
称徳	7	0
光仁	11	1

表2をご覧いただきますと、「聖武天皇の難波行幸《なにわのぎょうこう》」とあります。聖武天皇が難波へ行くのは、これ以前からあります。紫香楽宮は天平十四年からはじまりますが、難波宮へは表2に書いておりますように、聖武天皇が即位したのが神亀元年で、その翌年の神亀《じんき》二年、三年、五年、天平《てんぴょう》六年、十二年、十六年、十七年と記録によると、主として『続日本紀《しょくにほんぎ》』、一回は『万葉集』ですが、合計七回行っているのです。

難波宮は、大化の改新のときに孝徳《こうとく》天皇がつくって、その後都が大和へ帰り、また大津へ行ったりして、衰えていたのですが、天武《てんむ》天皇が壬申《じんしん》の乱に打ち勝って、都を大和の飛鳥浄御原に置いたあと、壬申の乱の年を天武元年として、その十二年目に難波に宮をあらためてつくるという有名な詔を発しております。飛鳥浄御原宮の副都としてつくるというのです。その後、火事で焼けたりして建物はずいぶん傷んでしまったらしいのですが、文武《もんむ》天皇は二回行っているんですね（表3）。

元明《げんめい》天皇は一回行ったか、行かなかったかで、少しはっきりしませんので、かっこをつけておきました。元正《げんしょう》天皇は一回、聖武天皇七回、孝謙《こうけん》天皇一回、淳仁《じゅんにん》天皇、称徳《しょうとく》天皇はなくて、光仁《こうにん》天皇が一回。だいたい普通、少なくとも一回は行っているのです。治世年数はそこへ書いておきましたように、聖武天皇の治世年数が二十六年と一番長いのですが、回数は七回で断然多いわけです。

ということは、聖武天皇は難波が好きだったようなのですね。大阪は食い倒れといま申しますが、昔から大阪へ行くと、うまいものが食べられたと思います。交通不便な時代は、平城京は食べものがまずい。難波へ行けば暖かいし、海のものもある、山のものもある。昔から難波は交通の中心であって、おいしいものが食べられる。そればかりではないでしょうが、聖武天皇はどうも難波が好きであったと思うのです。

天平十二年にも行っておりますが、天平十六年、つまり聖武天皇は、紫香楽に宮を定めるんだなと、一般の人が考えていたに違いないとき、また急に難波に行幸してしまう。天平十二年のは二月ですから、先ほど申しました広嗣の乱がおこる年のはじめで、乱がまだおこっていないときに行って、乱がおこってからは、天平十六年閏《うるう》正月が最初です。

聖武天皇は早くから難波宮の再興を志しました。天武天皇の計画を自分の代に実現させようと考えたのだと思いますが、神亀三年に藤原宇合《ふじわらのうまかい》を知造難波宮事《ちぞうなにわのぐうじ》としています。あとは省略しますが、神亀三年から難波宮造営に着手しまして、天平六年には難波宮の宅地を班給すというぐらいに「京」の都市計画が進んできた（表4参照）。宮ができあがって、その周りの「京」の造営も進行し、整備さ

表4　後期難波宮造営の経過

年号（西暦）	月	事　　　柄
神亀3年（726）	10	藤原宇合を知造難波宮事に任ず。
天平4年（732）	3	知造難波宮事宇合らに物を賜う。
天平4年（732）	9	石川枚夫を造難波宮長官に任ず。
天平6年（734）	9	難波京の宅地を班給す。三位以上一町以下、五位以上には半町以下、六位以下には四分の一町以下。

れてきて、宅地を官人《かんじん》に分け与える。そこまで難波京ができてきていたのです。

ですから、難波へ行幸するのは、それほど不思議なことではないのですが、ときがときだけに、おそらく多くの人は驚いたに違いありません。

聖武天皇の建設した難波宮を後期難波宮と申しております。図2は現在

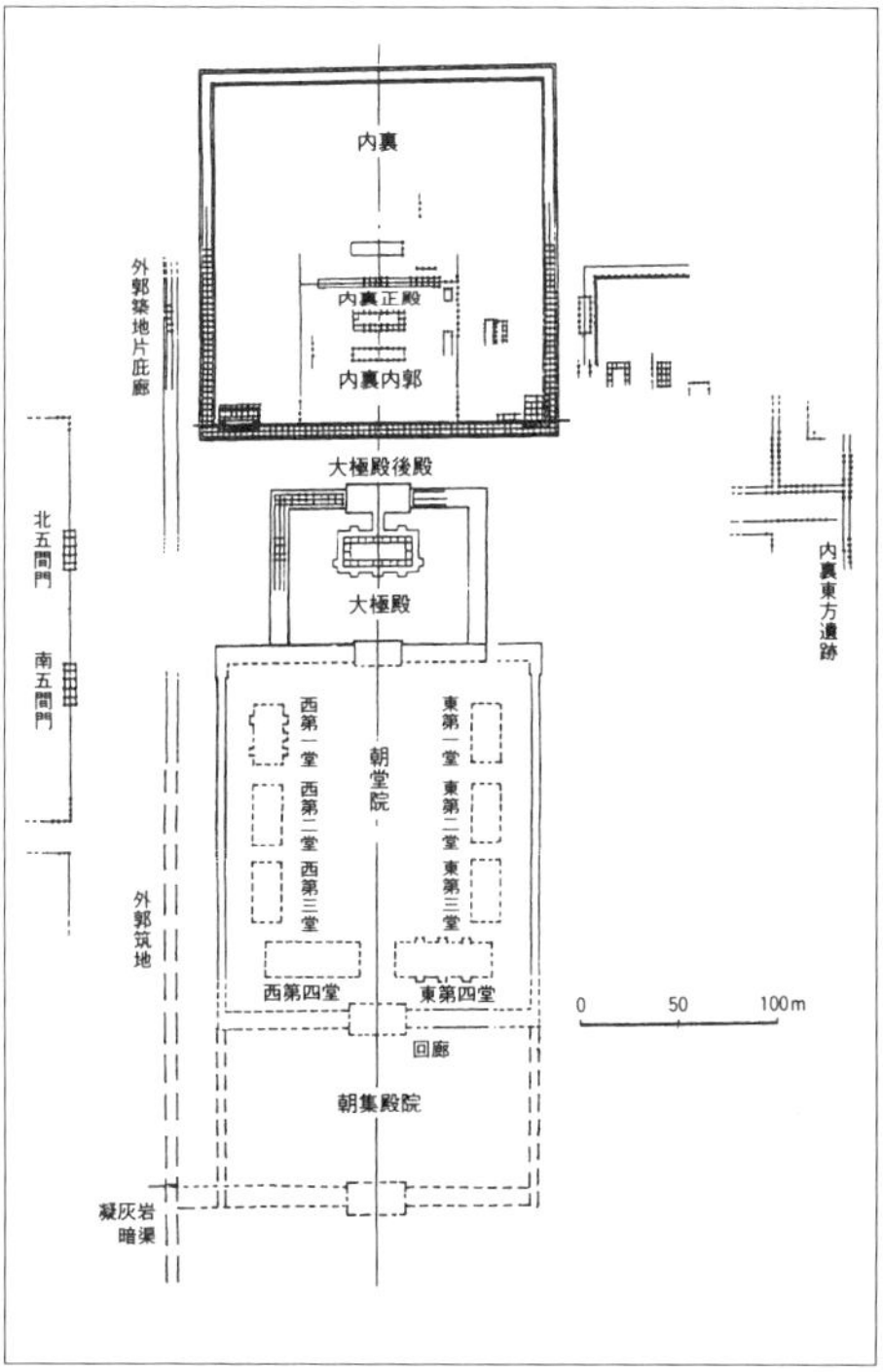

図2　後期難波宮遺構配置図（中尾芳治作図）
直木孝次郎・中尾芳治編『シンポジウム 古代の難波と難波宮』学生社、2003年

写真１　発掘された後期難波宮の大極殿跡（㈶大阪市文化財協会提供）

写真２　コンピュータグラフィックで復元された後期難波宮（㈶大阪市文化財協会提供）

の発掘でわかっている範囲で、多少推定復元も加えておりますが、聖武天皇の後期難波宮の復元図であります。こんな立派な宮ができていて、その周りの宅地に官人を住まわせる土地を班給すると、そういうことまでできていたのです。

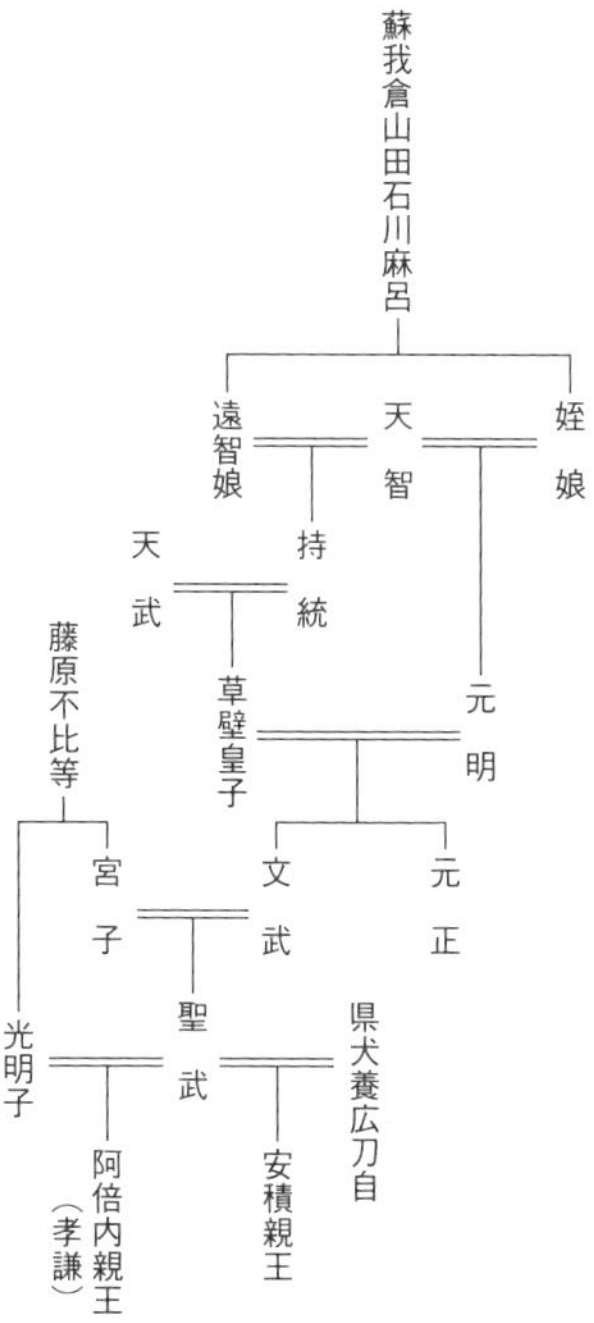

図3　聖武天皇の系譜

次に聖武天皇の系譜を掲げておきました（図3）。聖武天皇のお父さんは文武天皇、お祖父さんは草壁皇子《くさかべのみこ》。草壁皇子は皇太子ですが、即位直前に病気で亡くなってしまったので、天皇にはなっておりません。その草壁皇子のお父さんが天武天皇ですね。ですから、聖武天皇は、天武天皇の男系で直系の曽孫《ひまご》という関係になります。

天平十六年の難波遷都の謎

天平十六年の難波遷都の話に入りますが（表5）、天平十六年閏正月、百官を集めて、恭仁宮と難

表5　難波遷都の経緯

	年　月　日	事　　　　柄
a	天平16年閏正月元旦	百官を会し、恭仁、難波2宮の便宜を問う。
	天平16年閏正月11日	天皇、難波宮に行幸。
b	天平16年2月1日	駅鈴と内外の印を難波宮に移す（2日に至る）。 諸司と朝集使を難波宮に召す。
	天平16年2月20日	恭仁京の高御座・大楯、兵庫の器仗を難波宮に運ぶ。
c	天平16年2月22日	安曇江に幸し、松林を遊覧し、百済楽を楽しむ。
	天平16年2月24日	（天皇）三嶋路を取って、紫香楽宮に行幸。 太上天皇と左大臣橘諸兄は、難波宮に在り。
	天平16年2月26日	左大臣、勅を宣《の》りて、難波を皇都とすという。
	天平16年3月11日	大き楯と槍を難波宮の中外門に樹てる。
	天平16年11月17日	太上天皇、難波より（紫香楽宮に）至る。

波宮と、どちらが便利かということをアンケートをしているんですね。めったにこういうことは歴史に出てまいりません。五位以上と六位以下とに分けて、百人を超える官人がアンケートに答えております。五位以上も六位以下も細かい数字は、史料1のaを見ていただけばよいのですが、「閏正月乙丑朔　詔《リシテ》喚会《シ》百官《ヲ》於朝堂《ニ》問《ヒテ》曰《ク》。恭仁難波《ノ》二京何《レヲ》定《メテ》爲《サン》都《ト》。各言《ヘ》其志《ヲ》」とあります。アンケートですね。

細かいことはあとで史料を見ていただくとして簡単に申しますと、五位以上は二十四人、六位以下は百五十七人が恭仁京がよろしいと。難波京がよろしいというものは、五位以上二十三人、六位以下百三十人という結果が出ております。若干、恭仁のほうが多いんだけれども、一応、腰を据えた恭仁よりも、わざわざ難波に出かけるほうがよろしいという人がほとんどそれに匹敵する。難波のほうがちょっと数が少ないのですが、似たり寄ったりの数が出てきている。だから難波はずいぶん人気があったということはわかるのですが、そういうアンケートをした結果、正月十一日に天皇は難波宮に行くわけです。

そのあと引き続いて駅鈴《えきれい》を難波宮に移します。これは急使を発する場合の駅の馬を動かすのに必要な品です。それが駅鈴ですね。緊急の場合に使うものです。軍隊を移動させるときにも駅鈴が必要であります。

内外の印も難波宮に移す。内印というのは、御名御璽《ぎょめいぎょじ》の璽です。天皇の押す判のことです。外印というのは太政官の押す判。五位以上の位記や諸国に下す公文などには内印、六位以下の位記や太政官の文案には外印が必要なんですね。外印だけですむ場合もあるし、内印も押さなければならない場合もある。そういうものを難波へ持っていく。

二月二十日には、恭仁宮に置いていた高御座《たかみくら》（天皇の玉座）、大楯《おおだて》（ここに天皇がいるという目印になる天皇旗のようなもの）、兵庫の器仗《きじょう》（武器倉に納めてあった武器類）も難波宮に運ぶ。そうすると、天皇は本気で難波に遷都するのかなと、これも多くの官人は、そう思ったに違いません。

ところが天皇は二十二日に難波宮の近くの安曇江を遊覧し、それから一日置いて二月二十四日、「(天皇)三嶋路（摂津）を取って、紫香楽宮に行幸す」という記事がでてきます。なんか肩すかしみたいなことですね。天皇の玉座や、それを警護する武器まで恭仁から難波へ運んでおきながら、それが到着するかしないうちに天皇は難波をすっぽかして紫香楽へ行ってしまう。こういう不思議なことが起こります。

難波には天皇のほかに、聖武天皇の先代の元正太上天皇が来ています。この天皇は聖武の伯母さんになります。文武天皇のお姉さんです。その元正太上天皇と、左大臣橘諸兄《たちばなのもろえ》は難波に残って、聖武天皇は、名前は出てきませんが、おそらく光明皇后と一緒に紫香楽へ行ってしまった。

そしてさらに一日を置いて二月二十六日、「左大臣、勅を宣りて、難波を皇都とす」という記事があります。天皇がいないのに、左大臣は元正太上天皇の勅を宣布（読み上げ）する。これからは難波が京だというわけです。天皇がいないけれども、こちらには元正太上天皇がいらっしゃるから大丈夫。紫香楽宮は、あれは第二の都だというような気持ちをあらわしたものだと思います。

そして、先ほど申しました、天皇がいらっしゃるしるしの大きな楯を難波宮の中外門、——中外門も問題がありますが、朱雀門をはいったところにある朝堂院の南の門でしょうが、そこに天皇旗に相当する大楯を掲げた。こちらが本物だぞというデモンストレーションをしているわけですね。

これから十一月までの間、いろいろ内部的な交渉がおこなわれたと思いますが、結局、妥協ができあがって、天平十六年十一月に、元正太上天皇は難波から紫香楽宮へ行きます。そうでなければ二所に天皇が分かれる。南北朝ではありませんが、そういう不祥事をこれで回避したということになると思います。

それからもとへ戻って二月二十四日、聖武天皇は三嶋路を取って、紫香楽宮に行幸しますが、三嶋路というのは、淀川の西側に島上、島下という郡があります。あれは、もとは三島郡といって、ひとつの郡であったのがふたつに分けられて、島上、島下の二郡になります。いまの地名で申しますと、高槻市から茨木市にかけてのあたりが三嶋の地であります。そこを通っている道、つまり淀川右岸、西側の道を通って、難波から陸路、恭仁京へ行ったということでございます。

史料をいちいち読んでいくと面白いことがあるのですが省略をいたします。ただし、史料1のdをご覧ください。「大楯・槍《ほこ》」を立てるということが天皇の象徴であるということが、いろいろな例でわかるわけです。たとえば恭仁宮でのことですが、「天平十四年正月丁未朔、百官朝賀す」とあり、つづけて「大極殿 いまだ成らざるがために、かりに四阿殿《あづまやどの》を造り、ここにおいて朝を受く。石上、榎井両氏始めて大楯と槍をたつ」。

四阿殿に天皇がおいでになるというしるしに、おそらくは四阿殿の前に立てたということだと思います。大楯・槍というのは、単なる武器ではないんですね。三種の神器というほど神聖なものではないと思いますが、それに準ずるような道具であったわけです。

こうして聖武天皇は難波に腰を落ち着けるのかと思ったら、天平十六年二月二十四日にぱっと紫香楽へ行ってしまったのです。

ところが、紫香楽宮が落ち着かないんですね。この年の四月、紫香楽宮の西北の山に火事が起こります。蒲生《がもう》郡と神崎《かんざき》郡、これは皆さんもよくご存じのとおり、近江国の甲賀郡に接する郡名ですね。この蒲生郡と神崎郡の大領に八月になってからですが、ご褒美が出た。というのは、この蒲生郡と神崎郡の大領、すなわち郡の長官が山火事を消すのに努力をしたからということですね。

一方、十一月になりますと、準備が整って甲賀寺に大仏の骨柱を建てる。このように仕事が進んでいくわけです。天皇みずからその縄を引く。「よいとまけ」というような仕事の手伝いをしたのでしょう。聖武天皇は大仏造営に熱心であったことが、これでわかるわけです。

そうして先に申しましたように十一月十七日に元正太上天皇が難波より紫香楽宮へ来ます。やはりふたつに分かれるといろいろ不便です。結局、天皇のほうの力が強くて、あくまでも元正太上天皇は難波でがんばっているわけにはいかなくなったんでしょうね。それで妥協ができて、元正太上天皇は難波から紫香楽へやってきた。

ところが山火事はなかなか止まらない。天平十七年の四月になっても、市《いち》の西山に火事、寺の東の山に火事、宮城の東の山に火事、そのうえに地震がある。天変地異こもごもいたるということで、みんなは「やはりこれは紫香楽にいるのは無理だ」と思うようになったでしょう。

火事は放火ということも考えられます。聖武天皇の紫香楽宮は、あんな不便な——「あんな」と言うと、いま信楽に住んでいらっしゃる方には申しわけないけれども——鉄道も自動車もない時代に、紫香楽の山のなかに大きなお寺を建てるというのは、馬か人力でなければ、ものが運べないのですから、たいへんな仕事ですね。だから反対があって、放火したということは考えられますが、地震は、いくら何でも人間の力で起こせるものではない。

天平十七年の四月二十七日に「通夜、地震」。五月になっても、一日に地震、二日に地震。三日から十日まで連日地震。十六日、十八日も地震。これはまさか嘘の記事を書いたのでなかろうと思います。運の悪いことに、ちょうどあのへんに地震が頻発したわけです。

私はまだこれについて、地質学や地震学の先生のご意見を拝聴したことがないのでわかりませんが、『続日本紀』を読んでいる限り、聖武天皇の紫香楽の遷都は不幸にも、こういう群発地震に見舞われた。

それでとうとう五月四日に大安寺《だいあんじ》、薬師寺、東大寺、興福寺といった四大寺のお坊さんを集めて、都とすべき土地はどこかを問うた。お坊さんは当然、自分の本拠のある東大寺なり、興福寺なり、大安寺、薬師寺、こういうお寺は平城にあるわけですから、平城がよろしいと答えます。

これは体裁を取り繕う方法ですね。聖武天皇はあくまでも紫香楽に固執するのだけれども、みんながそう言うならしかたがないという、そういう理由づけをこしらえて車駕《しゃが》、車駕というのは天皇の乗り物で、天皇を指すわけです。天皇は恭仁宮に還った。

甲賀宮《こうがのみや》は守る人もなくて泥棒がたくさんあらわれた。甲賀宮は紫香楽の宮のことでしょう。火もまた消えないという惨憺たるありさまですね。五月十一日に恭仁から天皇は平城に還って、中宮院を御在所として、もとの皇后の宮を宮寺となす、と『続日本紀』にあります。もとの皇后の宮というのは、光明皇后のいたところ。光明皇后は藤原不比等の子どもですから、藤原不比等の遺産を継承して、藤原不比等の屋敷を、いくらか手直しして住んでいたのでしょう。これを宮寺にする。これが法華寺のはじまりですね。

こういうことで、いわゆる遷都騒ぎは一応終わって、天皇はもとの平城へ戻ってきたということになるのですが、ここまでの話は『続日本紀』を見れば誰でもわかることでございます。なぜそんなことになったのかを、史料2に書いておいた項目にしたがって、これから申し上げます。

聖武天皇が紫香楽宮へ遷った理由、遷らせた勢力

最初、九州で広嗣の乱が起こったときは、やはり天皇もこれはたいへんだ、こういうときこそ東国を警戒しなければならない、東国にも反対勢力が起こったらたいへんだと思ったのでしょう。二面作戦というのは、戦法としては最悪の戦法だそうですね。九州だけなら驚くにあたらないけれども、東国にも反乱が起こったらたいへんだ。聖武天皇の先祖をたどっていくと、先ほど見ましたように、曽祖父さんである天武天皇は美濃国を本拠にして反乱を起こして成功したわけですね。

そういうこともあって、聖武天皇は都を出て、伊賀、伊勢を経て、美濃へ行く。ちょうど壬申の乱のときに天武天皇がたどった道です。天武は吉野を出発して美濃まで行って、美濃の不破郡の野上の本営に入るわけです。野上は不破の関所より少し東のほう、大垣にいくらか近いところですが、そこに本営を置きます。美濃まで行って近江をまわって帰ってくるというのは東国は無事かということを見るのと、聖武天皇が天武天皇の行動を追体験したいという気持ちもあったものと思われます。

そういうことですが、その聖武天皇が難波や平城に落ち着かずに、恭仁にまず落ち着き、恭仁

から紫香楽へ行き、また恭仁へ戻り、また紫香楽へ行き、恭仁に戻り、それから難波へ行ったかと思うと、また紫香楽へ行くと、このような行動を取ったのは、いわば歴史家泣かせなんですね。歴史家、とくに古代史家は、政局は混迷の度を深めたとか、不思議なことにとか、かつて考えていたわけです。

なぜ混迷したのか考えてみると、次のようなことが言えるのではなかろうか。それは聖武天皇を動かした勢力というものがあったに違いない。聖武天皇がひとりで右往左往するはずがない。そのひとつの勢力は藤原氏ではないか。藤原氏というのは、近江国と関係が深いわけですね。いうまでもなく、藤原氏の中興の祖と申しますか、藤原氏は、もとは中臣ですが、中臣から藤原氏に昇格するのは中臣鎌足《なかとみのかまたり》、つまり藤原鎌足の活躍によります。

藤原鎌足は天智天皇の内臣《うちつおみ》、参謀のような地位です。懐刀、知恵袋みたいなものです。天智天皇は難波から近江の大津へ行って都をつくりました。そしてこの大津でいろいろな政策を発表して、「近江令」をつくったとも言われています。「近江令」については、できたというのと、それはあとからのつくり話だというのと、賛否両論ありますが、「庚午年籍《こうごねんじゃく》」をつくったことは疑いがない。これはたぶん鎌足がまだ生きているあいだです。「庚午年籍」のときは天智九年。鎌足が死ぬのも天智九年です。天智天皇は、翌天智十年に亡くなるわけですね。

だから晩年まで、鎌足は天智天皇の側近に奉仕して、近江朝を立派に育てあげた。もしも鎌足がもう少し長生きしていれば、壬申の乱は起こらずに、うまく政局をまとめたのでないかという意見も、学者のあいだにはあると思います。残念ながら鎌足は死んでしまいますが、鎌足の残した功績は大きい。

それで鎌足の息子の不比等《ふひと》は淡海公《たんかいこう》と言われているわけですね。慶雲四年にたくさんの食封《じきふ》、つまり領地をもらっています。近江が中心ではないかと思いますが、五千戸と言われております。三千戸返却して二千戸にしたと『続日本紀』には書かれておりますが、五千戸ですと、小さな国一個半ぶんぐらいになるのですね。昔の一戸はいまの一戸より大きくて、人口二十人ぐらいはいたはずですから、千戸で二万人、五千戸というと十万人です。郷の数にすると五十戸一郷ですから百郷です。かなり大きな領地になるわけです。

ですから藤原氏にとって近江国はたいせつです。その次の藤原武智麻呂《むちまろ》が近江守を務めたのは、それほど長くはないのですが、藤原武智麻呂の子どもの藤原仲麻呂《なかまろ》になりますと、かなり長いあいだ近江守《おうみのかみ》を務めている。仲麻呂が全盛期になるのは天平十五、十六年よりのちのことですから、このときはまだ仲麻呂の力はあまり大きくはありませんが、鎌足、不比等、武智麻呂、この三代が近江に培った力は大きい。近江は藤原氏の大きなバックになっています。

その藤原氏から出たのが聖武天皇の正妻、光明皇后です。これは先ほども申しましたが、藤原不比等の娘になります。ですから藤原氏は、光明皇后を藤原氏の代表として聖武天皇を動かして紫香楽に聖武天皇を移し、ここを都にしようと策動した。まさかいったん滅んだ縁起の悪い大津を都にするわけにはいかないので、同じ近江国で、もう少しよい場所にと――政治・地理的には、先ほどもちょっと申しましたが、紫香楽はそんなによいようには思われませんが——同じ近江の紫香楽を都としようとしたわけです。光明皇后はやがて藤原氏の中心になる藤原仲麻呂の伯母さんになるという関係もございます。

この光明皇后は聖武天皇とのあいだに阿倍皇女《あべのひめみこ》を産んでおります。もう一人、男の子を生んだのですが、まる一歳になるかならないかで、亡くなります。他には藤原氏の血をひく皇子がいないので、阿倍皇女は天平十年に皇太子になります。この段階では、夫人の県犬養広刀自《あがたのいぬかいのひろとじ》が聖武天皇とのあいだに産んだ皇子、安積《あさか》親王がいたわけですが、安積親王も天平十六年に亡くなります。藤原氏としては、次の天皇はやはり藤原氏の血のつながっているものから出したいということで、女性の皇太子というのは初めてですが、阿倍内親王を皇太子にする。そのお母さんが光明皇后ですから、将来の天皇の母親、国母になるというので、非常に敬意を持たれていたに違いない。

この権力に対抗したのが元正太上天皇と橘諸兄ではないでしょうか。橘氏というのは、皇族の三野王の子で葛城《かづらき》王と言われていた諸兄が、天平八年に臣籍に降下して橘氏を立てるわけです。そのときのことが『万葉集』に詳しく載っております。

天平八年の冬十一月、左大弁葛城王《さだいべんかづらきおほきみ》等《たち》、姓橘氏《たちばなのうじ》を賜はりし時の御製歌《おほみうた》一首

橘《たちばな》は　実《み》さえ花《はな》さへ　その葉《は》さへ　枝《え》に霜《しも》降《ふ》れど　いや常葉《とこは》の木《き》（万葉集　一〇〇九）

橘の葉は常緑であって、霜が降っても枯れない、めでたい木である。その橘の実も花も葉も、いつまでも枯れずに生き生きしている。そのように橘氏は、いついつまでも栄えるだろう、という歌でございます。

そういう歌なのですが、その横に、次のような註が書かれています。

ここに、太上天皇《おほきすめらみこと》・皇后《おほきさき》、共に皇后の宮に在《いま》して、肆宴《とよのあかり》をなし、即《すなは》ち橘を賀《ことほ》ぐ歌を製らし、并《あは》せて御酒《みき》を宿祢等《すくねたち》（橘宿祢、諸兄、あるいはその弟たち）に賜ふ。或《ある》は云はく、この歌一首は太上天皇の御歌なり。

つまり聖武天皇の御歌だと本文には書いてあるけれど、一説には、元正太上天皇の御歌であると。こういう註がついているのですが、あるいはそのほうが確かかもしれません。それぐらい、この橘諸兄に対して元正太上天皇は親しみを持っていたように思われます。

この元正太上天皇と橘諸兄が難波に残って、天平十六年二月下旬に、聖武天皇は紫香楽へ行ってしまいますが、『万葉集』の天平二十年のところには、「太上皇（太上天皇）、難波宮に御在し時の歌七首、清足姫天皇《きよたらしひめ》なり」という詞書《ことはがき》があって、諸兄の歌や天皇の歌など計七首が載っており、この歌は田辺史福麻呂の伝誦したものだという説があります。太上皇というのは清足姫のことで、清足姫というのは太上元正天皇のことです。天平十六年に難波で作った歌を田辺史福麻呂がおぼえていたのを、天平二十年に大伴家持が記録したものと思われます。

橘諸兄の屋敷へ元正太上天皇が難波の堀江を舟に乗って、行幸するんですね。諸兄の屋敷は川

に面していたのでしょう。そしてそこで宴会をする、そのときに橘宿祢諸兄は、

堀江《ほりえ》には、玉敷《たまし》かましを　大君《おほきみ》の　み舟漕《ふねこ》がむと　かねて知《し》りせば（万葉集　四〇五六）

と歌います。大君が、わざわざ自分の家まで、堀江を舟を漕いでやってきてくださるとわかっていたら、堀江の底に玉を敷き詰めておきますのに。そういうことをせずに失礼しました、という歌ですね。

そうすると元正太上天皇は、

玉敷《たまし》かず　君《きみ》が悔《く》いて言《い》ふ　堀江《ほりえ》には　玉敷《たまし》き満《み》てて　継《つ》ぎて通《かよ》はむ（万葉集　四〇五七）

玉を敷く間がなかったと、あなたは後悔して言うけれども、その玉は、私がいっぱい敷いて、あなたのお宅へまた来ましょうと、こういう君臣唱和の歌なんですね。そのように仲がよかったのです。

ちょっと先になりますが、天平十八年、平城には珍しく正月に大雪が降りました。そこで諸兄は太上天皇の御殿に年賀に赴いたときに歌を作り、それが「左大臣橘宿祢、詔に応ふる歌一首」という題詞をつけて、『万葉集』に残っております。

天平十八年正月、白雪多く零《ふ》り、地《つち》に積《つ》むこと数寸なり

一尺も積もらなかったのですが、平城で三寸も積もれば、いまも昔も大雪です。

そのとき左大臣はこんな歌をつくりました。

降《ふ》る雪《ゆき》の　白髪《しろかみ》までに　大君《おほきみ》に　仕《つか》へ奉《まつ》れば　貴《たふと》くもあるか（万葉集　三九二二）

降る雪のように、自分が白髪になるまで大君にお仕えできたのは本当にめでたいことだと。

これは十年前の天平八年、元正太上天皇が、

橘《たちばな》は　実《み》さえ花《はな》さへ　その葉《は》さへ　枝《え》に霜降《しもふ》れど　いや常葉《とこは》の木《き》（万葉集　一〇〇九）

橘は枝に雪が白く降り積もっても衰えずに元気でいるという歌をつくったのを、おそらくは思い出して、おっしゃるとおりに、私の髪は白くなったけれども、こうして元気に元正太上天皇さまにお仕えできるのは本当に貴いことですとうたった。両者の息がぴったり合った歌だと思われます。

そういうふたりですが、元正太上天皇は、天武天皇の孫ですけれども、天智天皇の孫でもあるわけです。その点は藤原氏とまったく無関係というわけではないのですが、父方の祖母と、母方の祖母は蘇我氏なんですね。その点、藤原系の光明皇后とは、たいへん違うわけです。藤原鎌足が画策して、大化改新で蘇我《そが》氏の本宗家は滅ぼされた。その蘇我氏にとっては仇になる、敵になる藤原氏、そのなかから光明皇后は出ている。蘇我氏の系統を引いた皇族のなかには、元正太上天皇がいる。ここにも元正太上天皇と光明皇后とが対立する条件があったわけですね。

元正太上天皇は、先ほどからも申しているとおり聖武天皇の伯母さん、つまり聖武天皇のお父さんの文武天皇の三歳上のお姉さんにあたる。文武天皇のお妃で聖武天皇を産んだのは、藤原系の宮子という女性なんですね。これは皇后にはならずに夫人という地位だったのですが、その宮子は、聖武天皇を産んで以来、長く憂鬱に沈んで「人事を廃す」と『続日本紀』天平九年十二月条に書いてあります。天平九年になって初めて聖武天皇に会うことができたという記事が出てく

るのです。

たぶん非常な難産であったので、それがもとで大きな病気になって、いまでいえば鬱病の一種でしょうが、並の生活ができなかった。それから三十年以上たって、やっと成長した聖武天皇と会うことができた。

では赤ん坊のときの聖武天皇は誰が育てたか。そんなことは心配せずとも、やがて皇太子の身分になる皇子ですから、手はたくさんあるのでしょうが、やはり母親代わりになったのは、伯母さんの元正太上天皇ではないか。

元正太上天皇は未婚で自分の子どもがないわけですから、かわいい皇子を自分の息子のように、赤ん坊のときから育てたのではないか。つまり聖武天皇の母親代わりを務めたのが元正太上天皇ですね。だから元正太上天皇と光明皇后とは、姑《しゅうとめ》と嫁《よめ》の関係になる。ただ単に、藤原氏系か蘇我氏系かという以外に、そういう関係もあるわけです。

ただ、こういう大きな政治問題を嫁姑という家庭的な問題で解釈するのは、問題を矮小化するようでちょっと私もどうかと思います。かつてこの問題を研究したときは、実はそれですましていたのですが、どうもやはり自分でも釈然としないので、別な立場からも考えてみなくてはならない。つまり、かつての私の解釈では聖武天皇の主体性はまったくなくなってしまうので、聖武天皇自身はどう考えていたのかという問題を取りあげてみる必要があると思うのです。

聖武天皇の立場

それを考える手がかりが史料2の「4、聖武天皇」と書いておいたところの「②」ですが、そのまえに4の①に書きました聖武の系譜をみておきます。「系譜上、母（宮子）と皇后（光明子）は藤原氏。不比等の娘。父系の曽祖父は天武、祖母と曽祖母は天智の娘」とあります。

つまり、聖武天皇は藤原系でもあり、天智天皇とも無関係では当然ないわけなのですね。祖母の元明と曽祖母の持統は天智天皇の娘である。男系ではつながらないが、女系ではつながります。これは先ほどの系譜（図3）を見ていただくとわかります。天智天皇の娘、元明天皇が聖武天皇のお祖母さんになるわけですね。それから自分の父方のお祖父さん（草壁皇子）の、さらにお祖母さんは遠智娘《おちのいらつめ》で、蘇我氏の出身である。このようなからまりがあります。

しかし聖武天皇としては、先ほども申しましたように、直接の先祖は天武天皇ですから、天武天皇の再興しようとした難波宮に当然執着があった。難波でうまいものが食えるというだけでなくて、歴史的にやはり自分の直系の天武天皇のためにも、難波宮を立派にしなければならないという気持ちが強かったと思うのです。

しかし、天智天皇とも無関係ではない。そのことがより一層はっきり出てくるのが、②の「不改常典《かわるまじきつねののり》」という問題であろうかと思います。「あらたむまじきつねののり」あるいは「かわるまじきつねののり」。普通は「かわるまじき」と読んでおります。

これは天智天皇がつくったと伝えられています。天智天皇が本当につくったのか、天智天皇がつくったとして権威づけをやっただけで、つくったのはもう少し後の、つまり元明天皇あたりでないかという説もあります。しかし私は、天智天皇がつくったと考えていいだろうと思っております。

どういう内容の「法」かと申しますと、これもいろいろな説が出ているのですが、だいたい皇位継承の法則を定めた法令であるらしいというのが有力です。どういうところに出てくるかと申しますと、天皇の即位の宣命、即位するときに詔が出るわけですが、詔でなくて、祝詞《のりと》のような和文の文体で、日本の言葉で出した詔を宣命《せんみょう》と申します。即位の宣命のなかに、この「不改常典」という言葉が出てくるんですね。

それが一番はっきり詳しく出てくるのは神亀元年二月、聖武天皇が即位に際して出した宣命のなかに元正天皇が聖武に与えた詔りが引用されており、さらにその中に元明天皇（天智天皇の娘・文武天皇の母）の言葉を引用したところです。自分の宣命のなかに、元明天皇の宣命を引用しているのです。

何重にも引用が重なって難しいのですが、不改常典の三行目に出てくる「朕」というのは元正天皇ですね。元明天皇が平城京の初代の天皇で、その娘が元正天皇です。元明天皇から位は元正天皇に譲られる。その元正天皇に位を譲るときの宣命を、聖武天皇が引用しているのですから、ややこしくなるのです。

説明をいたしますと、こういうしだいで、この平城の大宮に現御神として即位して、大八嶋国を知らしめてきた天皇（元明天皇）は、霊亀元年の年に、この天日嗣高御座の業食国天下の政を、私（元正天皇）にお授けになり、お譲りになるとき、次のように教え賜い、仰せになったということですね。

『挂けまくも畏き淡海大津宮に御宇《あめのしたしらしめ》しし倭根子天皇の、万世に改るましじき常の典と、立て賜ひ敷き賜へる法の随《まにま》に、後遂には我子に、さだかにむくさかに、過つ事なく授け賜へ』

「淡海大津宮に御宇しし倭根子天皇」は天智天皇のことですね。そのように元明天皇が私（元正天皇）に位を譲るときにおっしゃった。

　この場合の「我子」というのは、本命の聖武天皇を指すわけです。聖武天皇は孫にあたるのですが、自分（元明天皇）の本当の跡継ぎは、おまえ（元正天皇）でないというのです。つまり元正天皇は中継ぎで、自分が本当に譲りたいのは聖武天皇である。それで聖武天皇を「我子」と呼んでいるのですね。

「さだかにむくさかに、過つ事なく」聖武天皇に位を授けなさいと「負せ賜ひ詔り賜ひしに、坐す間に」、自分がそういうことを心がけて、自分が天皇の地位にいるあいだに、「去年の九月、天地の貺へる大き瑞物《しるしもの》顕れ来り」、よい前兆である白い亀があらわれた。それで「神亀」という年号を立てて、聖武天皇に位を譲った。聖武天皇を即位させたということになるのです。

　要点を取って翻訳したのが、②の「不改常典について」の下段の文章です。

私はこういう次第で天皇の位に就いたのであるぞよと、こう宣言しているのですね。だから聖武天皇は、自分が天皇の地位に就いたのは、天智天皇がお定めになった「不改常典」のおかげだ。簡単にいえば、天智天皇がそういう法則を決めてくれたおかげだ。天智天皇は聖武天皇にとっては忘れるべからざる人物、先帝であるという意識を持っているわけですから、自分の直系の先祖の天武天皇のつくった難波宮を引き継ぎたいのはやまやまだけれども、天智天皇のことも忘れられないと。こういう、ちょっと板挟みのような、あるいは両方の気持ちがあるのです。だいたい聖武天皇は、優柔不断な天皇だと言われますが、まわりにいろいろな利害関係に満ちた人がいて、何とかうまくやっていこうと思ったら、どうしたって優柔不断にならざるをえないのですね。

そこでもうひとつ、つけ加えておきますと、近年、奈良時代には天智天皇がたいへん重視されていたのだという学説が、若い研究者のあいだから出てまいりまして、私も最近、その論文を読んで感心したところでございますので、ちょっとそれを紹介させていただきたいと思います。藤堂かほるという女性の説です。

従来の考え方は、奈良時代は天武系の天皇が次々立った。つまり文武天皇がそうであり、聖武天皇がそうである。聖武天皇の次の孝謙天皇、淳仁天皇がそうであり、孝謙天皇がもう一度即位した称徳天皇も同様である。奈良時代はだいたい天武系で、天智天皇は否定されていた。

その天智天皇が再びクローズアップされてくるのは光仁天皇（白壁王）である。称徳天皇が亡くなったあと、適当な天武系の皇子がいなくなっていたので、そこで天智天皇の孫の、もう相当歳をとっていた白壁王を引っ張り出して天皇にした。

桓武天皇は、この久しぶりに引っ張り出された天智系の光仁天皇の子どもです。桓武天皇が京都に平安京をつくった。それ以来、天智天皇が非常に重視されるようになった。それ以前は天智天皇の影は薄かったというのが、学界のいわば通説だったんですね。

しかしそれが「不改常典」を考えますと、かならずしもそればかりではいかないのでないかと思っているところに、こういう研究があらわれてきたわけです。

どういうことかと申しますと、山科に天智天皇の山科陵というのがございますね。八角形の非常に立派な墳丘であるようです。なかまで立ち入って見ることができませんので、明治か大正に宮内省の作った実測図で見るだけですが。

山科陵は天智天皇の死の直後につくられたものではなさそうなんですね。天智天皇の死後、半年ほどして壬申の乱が起こって、天智天皇の後継者の大友皇子は自殺する。大津宮はたぶん兵火に遭って焼ける。少なくとも荒廃する。そのなかで、天智陵（山科陵）を立派な御陵としてつくることはできなかっただろう。仮のお墓をつくっただけで、みんなはばらばらになってしまったのではないかと考えるのが普通です。事実そうでしょう。

そうしたら、現在ある立派な天智陵は、いつできたか。それを研究したのが、藤堂かほるという女性研究者でございます。どういう研究かというと、持統天皇のときに藤原京ができますね。

天武天皇のあとを引き継いだ持統天皇が藤原遷都をする。その藤原宮の大極殿の中軸線を北へずっと延ばしていくと、それがうまく現在の天智陵の真ん中に突き当たるのです。同じ経度の上に並んでいるのです。何十キロメートル隔たっていますか、四十キロメートルぐらいは隔たっていると思いますが、それが偶然に同じ線上にあるとは思われない。

そしてまた、天智陵が先にできて、その真南に藤原宮の大極殿を作ったとも思えない。藤原宮の造営は天武朝から始まっているのです。藤原京ができて、藤原宮の大極殿の中軸線――それは朱雀大路の線ですが――を南へ延ばしていったところに、天武・持統合葬陵がある。それから考えると、それを北へ引っ張っていったところに、立派な天智陵をつくったに違いない。つまり、持統天皇のときに、天智陵は立派につくられたということになります。

もうひとつだけ申させていただきます。天皇の忌日（命日）を国忌《こき》と言います。すべての天皇の命日が国忌になるわけではなく、重要な天皇の命日を国忌にする。国の祭祀の日にする。そうすると、その日は廃務する。政務を廃する。政務をやめる。命日に法事をしながら俗世界のことをするのは、真剣に死んだ人を思うことにならないから、政務を廃するのです。いちいちこの日は何々天皇の国忌にあたるから廃務す、などという記事などはないのですが。

天智天皇の命日は十二月三日です。『続日本紀』の毎年の十二月三日の条を見ると、政治に関する記事は、ひとつも出てこないんですね。ほとんどが空白です。雷が落ちたとか、地震があったとか、そういう自然現象は書かざるをえませんが、政務に関する記事は、ひとつもない。

天武天皇の国忌の日、命日は九月九日です。だから記事がない日が多いのですが、ときどきは天武天皇の国忌の日にも政治をおこなったとみえて、記事がときどきあるんですね。ほかの天皇の国忌の日も、やはりときどき記事が出てくるのです。

ひとつも記事が出ないのは天智天皇だけであると藤堂かほるさんの研究にはそう書いてある。私は追検査はしていませんが、おそらくそうなのでしょう。だから、天智天皇は、律令国家の基礎を築いた天皇として、奈良時代に非常に尊重されていたことが、これでわかるという藤堂説は、たいへん説得力がございます。

だから、聖武天皇は迷いながらも結局、自分の母親代わりの元正天皇と、自分の信頼している左大臣橘諸兄を放り出して紫香楽へ行ったのは、単に奥さん（光明皇后）につつかれて行ったのではなくて、やはり主体的な判断も加わっていたのではなかろうか。ともかくそういう政治情勢のなかに、聖武天皇は聖武天皇なりに苦労したのだなということを考えて、そのことを最後に申し上げた次第です。

まとめ

多岐にわたりましたが、まとめますと、以下のようなことです。天平十二年八月、藤原広嗣の乱が起こり、聖武天皇は同年十月に平城京を出て、伊賀、伊勢、さらに美濃を回り、近江を回って、南山背の恭仁京にいったん落ち着きます。ここを都としますが、天平十四年八月以後、近江

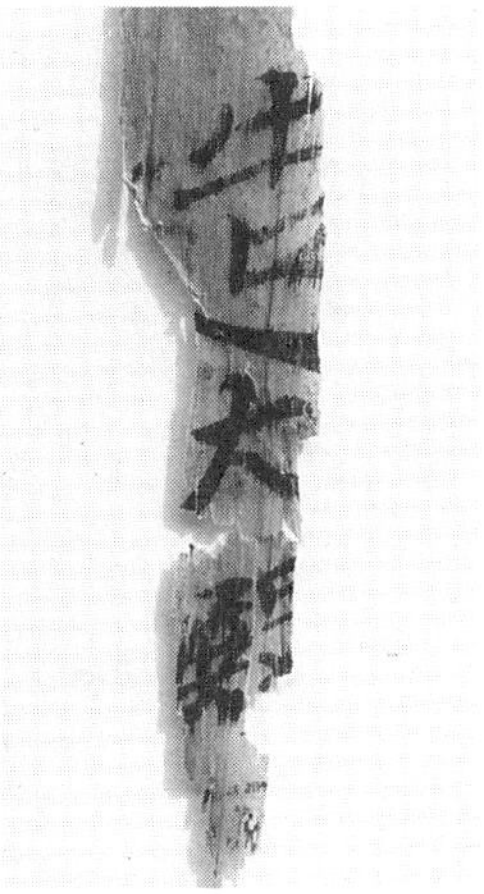

写真３　「造大殿所」木簡
（甲賀市教育委員会提供）

写真４　「皇后宮職……」職名習書木簡
（甲賀市教育委員会提供）

紫香楽へたびたび行幸し、そこに宮をつくり、天平十五年には東日本の租税をここに集め、大仏造営に着手し、紫香楽宮を都にする計画が熟してきたと思っておりましたら、翌十六年閏一月には難波に行き、二月には駅鈴や太政官印（外印）、天皇御璽（内印）、また高御座や武器倉の武器を難波に運び込みます。

気が変わって難波に遷都するように考え直したかとみえたところ、天皇は二月の下旬に難波から急に紫香楽へ行ってしまいます。難波には元正太上天皇と左大臣橘諸兄が残り、難波宮への遷都の詔を出して、紫香楽に行った聖武天皇に対抗しようとしたようでございます。政治は紫香楽と難波を巡って混乱、混迷を重ねていきます。これはどういうわけであろうかというのが、今日の発表の問題点でございます。

当時、都をどこにするかという問題で、聖武天皇を動かしていた勢力はふたつあると考えます。ひとつは、聖武天皇の皇后の光明皇后を中心とする藤原氏グループであります。藤原氏の祖、藤原鎌足は近江に都を置いた天智天皇に仕え、勢力を打ち立て、その子孫も近江を地盤として勢力を固めておりました。その勢力を代表するのが光明皇后で、聖武天皇を動かして、近江の紫香楽を都としようとしたものと思われます。

もうひとつの勢力は、藤原氏と並ぶ有力氏族の橘氏で、その族長諸兄は、聖武天皇の伯母にあたる元正太上天皇と組んで対抗しました。元正太上天皇は藤原氏と関係がなく、藤原鎌足に滅ぼされた蘇我氏の血を引いております。この勢力は天智天皇の弟で、壬申の乱を起こし近江朝廷を滅ぼした天武天皇の復興した難波宮を都として、紫香楽と対抗したわけでございます。

簡単にいえば、藤原氏対橘氏、光明皇后対元正太上天皇の対立と言えるかと思います。この勢力のなかにあって、聖武天皇はどうしたか。彼は元来は血統からいいますと、難波が好きであった天武天皇の直系の子孫です。しかし彼は、天智天皇も、律令国家を創設した天皇として尊敬しております。母系をたどると、天智の子孫でもあります。元正太上天皇は伯母ですが、母代わりに自分を育ててくれた人であり、一方、光明皇后は大切な妻であるわけです。

迷いに迷ったと思いますが、とうとう妻の力に負けて、難波から紫香楽に行ってしまいます。しかし山のなかの紫香楽に大きな都をつくるのはやはり無理でありまして、結局、天平十七年五月、藤原広嗣の乱で平城を離れてから、ちょうど五年たっております、彷徨の五年、さまよえる五年と言われておりますが、祖母元明天皇と、母代わりの元正太上天皇のつくった平城へ戻ってきて、一応、一件落着したというかたちです。

この間、人民は無駄になった造都の事業に振り回されて、たいへんに苦労したと思います。これもまた古代、天平時代の一面の事実であることも忘れることはできないのであります。

これで私の話を終わらせていただきます。ご静聴、どうもありがとうございます。

【史料1】『続日本紀』

a　天平十六年閏正月

○閏正月乙丑朔。詔《シテ》喚二會《シ》百官《ヲ》於朝堂一《ニ》。問《ヒテ》曰《ク》。恭仁難波《ノ》二京何《レヲカ》定《メテ》爲《セン》レ都《ト》。各言《イヘト》二其《ノ》志《ヲ》一。於レ是《ニ》陳《ル》二恭仁京《ノ》便宜《ヲ》一者《ハ》。五位己上廿四人。六位己下百五十七人。陳《ル》二難波《ノ》京《ノ》便宜《ヲ》一者。五位己上廿三人。六位己下一百卅人。○[四]戊辰。遣《シテ》二従三位巨勢《ノ》朝臣奈弖麻呂。従四位上藤原《ノ》朝臣仲麻呂《ヲ》一。就《テ》レ市《ニ》問《シム》二定《ルノ》レ京《ヲ》之事《ヲ》一。市人《ハ》皆願《フ》下以《テ》二恭仁京《ヲ》一爲《ンコトヲ》上レ都《ト》。但《シ》有《リ》下願《フ》二難波《ヲ》一者一人。願《フ》二平城《ヲ》一者一人上。

b　天平十六年二月

乙未朔、少納言従五位上茨田王を恭仁宮に遣して、駅鈴・内外印を取らしむ。又、諸司及び朝集使等を難波宮に追《め》す。

丙申（二日）、中納言従三位巨勢朝臣奈氏麻呂、留守官に給ふ所の鈴印を持ちて、難波宮に詣る。

甲寅（二十日）、恭仁宮の高御座并に大楯を難波宮に運ぶ。又使を遣して水路を取り、兵庫の器仗を運漕せしむ。

乙卯（二十一日）、恭仁京の百姓、情に難波宮に遷らむと願ふ者は、恣に聴す。

c　天平十六年二月

○戊午《廿四》。取《テ》二三嶋《ノ》路《ヲ》一行二幸《ス》紫香樂《ノ》宮《ニ》一。太上天皇及《ヒ》左大臣橘《ノ》宿祢諸兄留《リテ》在《リ》二難波《ノ》宮《ニ》一焉。○庚申《廿六》。左大臣宣《シテ》レ勅《ヲ》云《ク》。今以《テ》二難波《ノ》宮《ヲ》一定《テ》為《ス》二皇都《ト》一。宜下知《テ》二此《ノ》状《ヲ》一。京戸《ノ》百姓任《マニ》レ意《ノ》往來《ス》上。○三月甲戌《甲子朔 十一》。石上榎井《ノ》二氏樹《ツ》二大《ナル》楯槍《ヲ》於難波宮《ノ》中外《ノ》門《ニ》一。

d　「大楯・槍」を立てることの意味＝天皇の象徴

(1)　天平十四年正月丁未朔、百官朝賀す。大極殿いまだ成らざるがために、権りに四阿殿を造り、此に於て朝を受く。石上、榎井両氏始めて大楯と槍を樹つ。（恭仁宮）

(2)　天平十七年正月己未朔、廃朝、（中略）兵部卿従四位上大伴宿禰牛養、衛門督従四位下佐伯宿禰常人をして、大楯と槍を樹てしむ。石上、榎井二氏、倉卒にして追《め》し集むるに及ばず、故に二人をして之をなさしむ。（紫香楽宮）

(3)　同年六月庚子（十四日）、（中略）是の日、宮門の大楯を樹つ。（平城宮）

e　紫香楽宮に対抗する難波宮。天平十六年三月○丁丑《十四》。運《ビテ》二金光明寺《ノ》大般若經《ヲ》一致《ス》二紫香樂宮《ニ》一。比《ヲヒ》レ至《ル》二朱雀門《ニ》一。雜樂迎《ヘ》奏《シ》。官人迎《ヘ》礼《ス》。引導《シテ》入《テ》二宮中《ニ》一奉《ル》レ置《キ》二大安殿《ニ》一。請《ジテ》二僧二百《ヲ》一。轉讀《セシムル》一日。○戊寅《十五》。難波宮《ノ》東西《ノ》樓殿《ニ》。請《ジテ》二僧三百人《ヲ》一。令《ム》レ讀《マ》二大般若經《ヲ》一。

【史料2】聖武天皇が紫香楽宮へ遷った理由、遷らせた勢力

1、近江と藤原氏

藤原鎌足　近江大津宮を営んだ天智天皇の重臣、大織冠。

藤原不比等　贈太政大臣正一位淡海公

藤原武智麻呂　和銅五年六月任近江守、霊亀二年十月に式部大輔に転任

藤原仲麻呂　天平十七年九月任近江守、（以下、没するまで近江守を兼任）

　天平十六年には、従四位上・左京大夫、

2、光明皇后　藤原不比等の娘、藤原仲麻呂の叔母、聖武との間に阿倍皇女を生む。阿倍皇女、

　天平十年に皇太子（のち孝謙、称徳天皇）

3、元正太上天皇と橘諸兄

●元正　天智と天武の孫、父方の曽祖母と、母方の祖母は蘇我氏。藤原系の光明とは違う立場。

　光明の子、阿倍内親王の即位は元正の死の翌年。

●諸兄　もと皇族（葛城王）、天平八年十一月、橘宿祢の氏姓を賜る。

4、聖武天皇

①聖武の系譜　母（宮子）と皇后（光明子）は藤原氏。不比等の娘。

　父系の曽祖父は天武、祖母と曽祖母は、天智の娘。

天武は孝徳朝の難波宮を復活する。（天武十二年）
天智は近江大津宮を創設する。

②不改常典について（神亀元年二月、即位の宣命）

此《これ》に依《よ》りて是《こ》の平城大宮《ならのおほみや》に現御神《あきつみかみ》と坐《いま》して、大八嶋国《おほやしまぐに》知《し》らしめて、霊亀元年《れいくゐのはじめのとし》に、此《こ》の天日嗣高御座《あまつひつぎたかみくら》の業食国天下《わざをすくにあめのした》の政《まつりごと》を、朕《われ》に授《さづ》け賜ひ譲《ゆづ》り賜ひて、教《をし》へ賜へ詔《の》り賜ひつらく。『挂《か》けまくも畏《かしこ》き淡海大津宮《あふみのおほつのみや》に御　宇《あめのしたしらしめ》しし倭根子《やまとねこ》天皇《すめらみこと》の、万世《よろずよ》に改《かは》るましじき常《つね》の典《のり》と、立《た》て賜ひ敷《し》き賜へる法《のり》の随《まにま》に、後遂《のちつひ》には我子《わがこ》に、さだかにむくさかに、過《あやま》つ事《こと》なく授《さづ》け賜へ』と、負《おほ》せ賜ひ詔《の》り賜ひしに、坐《いま》す間《あひだ》に去年《こぞ》の九月《ながつき》、天地《あめつち》の貺《たま》へる大《おほ》き瑞物《しるしもの》顕《あらは》れ来《け》り。

（大意）

これにより平城の大宮で大八嶋をお治めになった元明天皇は、霊亀元年にこの統治すべき天下を私（元正）に賜わった。その時に教えて下さったことは「天智天皇が不改常典として定め賜うた法のままに、我が子の聖武（実は孫）にまちがいなく授けよ」と仰せになったのに、（下略）

参考文献

直木孝次郎「天平十六年の難波遷都をめぐって」『飛鳥奈良時代の研究』塙書房、一九七五年（初出、一九七〇年）

藤堂かほる「天智陵の造営と律令国家の先帝意識」『日本歴史』六〇二号（一九九八年）

同　「律令国家の国忌と廃務—八世紀の先帝意識と天智天皇の位置づけ」『日本史研究』四三〇号（一九九八年）

講演2

近江の天平彫刻について

同志社大学教授　井上一稔

はじめに

今日の私の話は、「近江の天平彫刻」ということで、三つの像を中心に話をさせていただきたいと思います。

最初は、石山寺のご本尊のお話。これは今のご本尊ではなくて、奈良時代に造られたご本尊、ですから失われた仏像のお話ということになります。

二番目は、湖南市（旧甲西町）の善水寺《ぜんすいじ》にあります誕生仏のお話。この展覧会の図録をお持ちの方は、一番正面に、背景の真ん中に仏像の写真が載っておりますが、その像でございます。

三番目として、地域を湖北に取りまして、時代としては奈良時代の後半のお話。これもたいへん大事な仏像が鶏足寺《けいそくじ》というところに伝わっております。

本題に入る前に、『三宝絵詞』という十世紀の末に成立する書物がありますが、このなかに大和長谷寺《はせでら》の十一面観音像、これは平安時代もずいぶんと信仰されて、京都の貴族たちもたくさんお参りに行くお寺なのですけれども、この観音像の材が近江のものであることを記した話（史料1）に注目しておきたいと思います。

史料1を読んでみますと、最初の「辛酉《かのととり》の歳」というのは推古天皇の九年という、すごく古い時代なのですけれども、大水で高島の山から木が流れ出て琵琶湖に浮かんでいた。それが高島一帯の人たちにとっては祟りとなっていたとあります。

祟られては困るのでどうしようかと思っていたところ、出雲の大満《おおみつ》という人が、この木で十一面観音像をつくって災難を鎮めようとするわけです。

この後、話はいろいろ展開しますが、大満の願いは叶いませんで、結局、徳道上人がこの木を、現在の桜井市の長谷寺まで持っていって、十一面観音像に仕立て上げるのです。

この説話はいろいろな方面で興味深いのですが、何故に、長谷寺の木は近江・高島から出ているのかという点を考えてみますと、この問題を見事に解決された—と私は思っているのですが—瀬田勝哉さんという方が、次のようなことをおっしゃっています。

奈良時代、高島には高島の山作所と申しまして、東大寺の木の用材を出す杣《そま》があった。そこから切り出された木は、琵琶湖を通って、瀬田川を通って木津川を経て、奈良の都へ達するわけで、奈良時代の人たちにとって建築の用材のふるさとは琵琶湖であった。故に近江、琵琶湖から流木の説話が生み出されたと考えられておられます（『木の語る中世』朝日選書六六四）。これはなるほどと感心した次第です。

この瀬田先生の解釈は、石山寺を考えるうえでも基礎的な視点になるのではないかと思うわけです。石山寺は、琵琶湖が流れ出すちょうど喉元に当たる重要な場所にあります。

後世成立する、東大寺大仏を鍍金する金を得るために石山寺で良弁が祈ったという話は、当時の何らかの事実を反映している可能性が高いのではないかと思っているのですが、これもやはり、何かものを生み出す近江・琵琶湖の場の力といいましょうか、先の長谷寺観音像の木の話に通じるのではないかというふうなことを思うわけです。

奈良時代の石山寺本尊像

さて、石山の観音さまのことですが、この像は奈良時代のものがなくなってしまっていますから、いろいろな問題があります。

現在、今の御本尊（平安時代後期の作）の中から飛鳥とか白鳳の金銅仏が見つかったり、この観音さまにまつわる鎌倉時代以降の記録が見直されたりして、研究の新たな面を迎えているのですけれども、現在の観音さまをより理解する上でも、奈良時代のもとの像について考えてみます。

幸いなことに『正倉院文書』という記録がありまして、つくられた事情がだいたいわかっています。天平宝字五年（七六一）からつくりはじめまして、天平宝字六年（七六二）の七月から八月にかけて完成するのです。

これは、奈良時代の仏像としてはかなり具体的に工人の名や、用材、制作期間などがわかっている像です。では何が問題なのかというと、名前というのは非常に大事なのですけれども、この像の名前がまず問題になってくるのです。

図１　如意輪観音半跏像　石山寺（本尊像）

いま石山寺本尊は如意輪観音さまです。勿論、これは間違いないことなのですが、それでは奈良時代に如意輪観音と呼ばれていたのかどうかというと、これがなかなか怪しい。確実に如意輪観音になるのはいつかというと、醍醐寺を開く聖《しょう》宝《ぼう》というお坊さんがおられますが、聖宝さんはおそらく、石山寺の本尊に影響を受けて、二本の手の如意輪観音をつくりますから、聖宝さんあたりからは石山寺の観音さまを如意輪観音と考えていたと思われます。

もっと確実なのは、先ほど史料に出しました、十世紀の『三宝絵詞』（東大寺千花会）に大仏の金を得る話の中で、はっきりと「如意輪観音」と出ているわけです。ではこれ以前はということになると、如意輪観音と書いてある記録がまったくないのです。

先ほど『正倉院文書』に詳しく、この観音さまの造像経過が書かれていると申しましたが、そこには「如意輪観音」とは出てこず「観音像」と出てくるのです。ただ、ここで観音像といった場合に、如意輪観音も含めて観音像という場合もありえますから、慎重を要するわけです。

この問題を考えるのに、奈良時代の同じような観音さまの例を出してみます。同じようなというのは、半跏といいまして、左足を半分下ろしている姿の像ですね。

図2をご覧ください。もとの石山寺御本尊の前立像と考えられている像で、十世紀の作品です。腕は欠けていますけれども、岩座に左足をおろしてお坐りになるというお姿です。これに近い奈良時代の像では東大寺の大仏さんの左脇侍像が考えられます。現在は、江戸時代の木像で姿も変わっていますが、記録と『信貴山縁起絵巻』という平安時代の絵巻物を利用して考えますと、こういう半跏のお姿をしていたことがわかります。

現在、大仏さんにお参りになると、この像は如意輪観音と書いてあります。左の方は虚空蔵菩薩と書いてあります。それでは如意輪観音ではないのか。これも実は新しい呼び名で、奈良時代の記録を探してみましても、「如意輪観音」と書いてある記録はないのです。「観音」としか出てこない。

これをある研究者の方が、観音と虚空蔵菩薩を両脇に祀るというのはたいへん珍しい例で、これを説くのが『観虚空蔵菩薩経』というお経によるんだということをおっしゃっていますが、このお経にも「観音」としか出てこないのです。

図2　如意輪観音半跏像　石山寺（旧前立像）

それから大仏殿の、大仏さんがあって、両脇侍があって、さらに昔はその脇侍の両側に刺繡された観音曼荼羅があったようです。

『東大寺要録』には、この刺繡曼荼羅にあった銘文が記録されておりまして、そこには不空羂索観音であるとか、十一面観音であるとか、千手観音であるとか、さらには馬頭観音であるとか、そういう名前が出てくるのです。ところが如意輪観音は出てこない。こうなってくると、如意輪観音の存在というのが、奈良時代に非常に希薄になってくるわけであります。また『西大寺資財帳』という奈良時代後半の史料を見ても不思議な名前の観音さまがいっぱい出てくるのですが、如意輪観音さまは出てこないのです。このような点から、どうも石山寺の観音さまは、初めは観音菩薩と呼ばれていたようだという結論に至るのであります。しかし如意輪観音というふうに、なぜなっていったかという問題は存在するのですが、これはまたあとで申し上げます。

持物について

次に姿の問題に関して、右手に持たれる持物について考えてみましょう。

図1をよく見ていただくと、向かって左の手、ですから仏さまでは右手に持物を持っています。仏さまの左手は膝の上に置いているというお姿です。右手の持物は、宝珠をのせた蓮華なのですが、はたして奈良時代から持っておられたのでしょうか。残念ですが、いまのご本尊よりも古い前立像（図2）でも、手が取れてしまって、手の状態がどういうふうになっているのかがわからないわけです（写真の手は新補のもの）。

これを考えるのに、ここから先は、仏像そのものからは考えることはできませんので、文献に頼る以外にありません。史料2『図像抄』の（ア）・（イ）・（ウ）の記事をご覧ください。

この史料を見てみますと、ややこしいことになっておりますが、もともとのお姿がどういうものであったかという大事な点に関わりますから、少し我慢をして読んでみましょう。史料（ア）では石山寺像は左手に蓮花を持って、右手は説法印にするのだと書いてあります。

ここで、石山寺像の写真（図1）を見てください。蓮花を持っているのは、左手ではなくて右手です。また図2でも、持物を持つのなら右手であることがわかりますから、（ア）の記事は、ちょっと問題がある。

なぜこんなことを言っているのかというと、典拠として『如意輪陀羅尼經』をあげるわけです。つまり、お経に書いてあるから、石山寺もこうなんだと書いているのです。像を見ていないわけです。

この史料の『図像抄』を編纂したと考えられている恵什の考えは、たぶん（イ）の記事だと私は思います。（イ）の記事は、まず経典の姿と石山寺像の姿は相違があると述べます。恵什さんは、左右の手の違いに気づいているのです。そして昔より、二臂像《にひ》（二本の手の観音像）は、右手は施無畏印《せむいいん》に、左手は膝上において与願印《よがんいん》とし、左足を垂下して盤石上におくのだと、正当な姿を記すわけです。

この姿は、右手の施無畏印を除けば、現本尊像と共通するのですが、右手まで一致する姿としては、図3の『別尊雑記』にのせられる石山寺像があり注目されます。この図では、右手は施無畏印（恐れを除くことを意味）にしております。そしておもしろいのは、つづいて、大和の龍蓋

図３　『別尊雑記』石山寺観音図

寺像、東大寺左脇侍像も同じ姿だとして、例証をあげているのです。因みに、ここで両像を如意輪観音としているのは、十世紀以降にこれらの像が如意輪観音と考えられるようになったことに従ってのことです。

「大和國龍蓋寺」というのは現在の岡寺のことです。桜井の岡寺さんのご本尊は塑造で奈良時代の像が伝わっていることは極めて貴重なのですが、石山寺像と右手をはじめとして同姿とされていることは注目されます。また東大寺の左脇侍像も同じ姿とすることも、奈良時代の石山寺像を考える上で示唆的です。

要するに、石山寺の当初の像も、右手が施無畏印の、つまり（イ）に記すような姿であったのだと考えていいのではないでしょうか。

ところがややこしいのは、（ウ）の記事では、石山寺が焼けたときに、ある人が、秘仏だったのをちょっと見たら、現在のご本尊みたいに右手に持物を持っていましたという記事なのです。

見たというと、こちらのほうが正しそうなのですが、しかしちょっと怪しいのは、先に述べましたように経典に説かれている持物を持つならば、左手に持たなくてはならない点です。そうすると、なぜこんな、経典に説いていないような、右手に持物を持たすのかという問題が生じてきます。

これを仮に、(イ)のような何も持たない施無畏印の像に、あとから、如意輪さまになった段階で、その象徴である宝珠をのせた蓮花を持たせたとしたら成立します。こういうふうに考えると、(ア)・(イ)・(ウ)の記事は整合性を持って解釈できるのではないかと思うわけです。

信仰の実態

名前の問題にもう少しこだわって、史料3の『正倉院文書』に注意してみましょう。『種々観世音經并應用色紙注文』というタイトルがつけられている史料なのですが、ここには奈良時代に信仰された各観音の経典が並んでいます。そして、その頭に○をつけておいたのが、現在如意輪観音の経典だとされるものなのです。○は五つあり、二つのグループに分かれています。

この他の経典をみますと、不空羂索観音が三つ、千手観音が二つ、十一面観音が二つと、各観音に関する経典が見えます。ここでもし、先の五つ全部が如意輪観音の経典だとすれば、奈良時代に如意輪観音の信仰というのはものすごく隆盛していたということになります。経典の数の比較によって、十一面観音も不空羂索観音もしのぐような信仰があったのではないかという推測ができてきてしまいます。

しかし、今に残る仏像や資料を見ると、そんなことはないので、如意輪観音が、千手観音や不空羂索観音や十一面観音よりも盛んに信仰されていたとは考えられません。では史料3はどう解釈したものかというと、前の三つの○印の経典を調べてみますと、平安時代の初めに安然《あんねん》というお坊さんがいまして、その人の『諸阿闍梨真言密教部類総録』では、これはいろいろな経典を挙げて整理した書物なのですが、この三つの経典は、聖観音のところに分類されているのです。

この分類に従えば、奈良時代の観音の信仰の傾向と照らし合わせて不自然はありません。（後ろ二つの如意輪観音経典に関しては、文末に記した拙論をご参照ください。）

さてこのように考えた上で、石山寺本尊像を考えるために、聖観音に分類された先の経典に改めて注目しますと、これらは観音さまが如意輪陀羅尼を説くという内容が主なことが分かります。ややこしい話で恐縮ですが、そこで何が見えてくるかというと、石山寺の観音さまというのは、観音さまが如意輪陀羅尼という、これは呪文です、観音さまの如意輪陀羅尼という名前の呪文を説く、そういうことに関連する観音さまではなかったか。それでこれらの経典が如意輪観音の経典と解釈されていく過程で、石山寺像も如意輪観音になっていったのではないかと考えています。

そうしますと、如意輪陀羅尼というものがたいへん重要になってくるわけですが、それに関して史料4『正倉院文書』のなかから東大寺僧の安寛という人がお経を請う記録をみておきましょう。この記録によると、『如意輪陀羅尼經』を貸してくださいといっているわけですが、これはまさに如意輪陀羅尼に関するお経なのでありますが、「右、為大御多末尓將誦」を「おおみたまに将に誦せんがために」と読み、聖武天皇のために如意輪陀羅尼を誦そうとしていると解釈する案が、堀池春峰先生から提出されています。

如意輪陀羅尼というのは、奈良時代の記録を見てもそんなにあるわけではありません。この安寛さんの例から考えて、天皇に対して陀羅尼を称えて、そして玉体安穏を祈る、如意輪陀羅尼にはそういうふうな信仰が想定されてくるのではないでしょうか。このへんはもう少し詰めないといけないところなのですが、石山寺の観音像も、先の岡寺の観音像とともに、このような方向で考えていくといいのではないかと思っております。

善水寺誕生釈迦仏立像

二番目に移ります。これは石山寺とも実はかかわってくるところもあるのですけれども、湖南市岩根（旧甲西町）にある善水寺の誕生仏（図4）をめぐってお話しいたします。この像は、つとに知られていますように、東大寺の誕生仏（図5）と非常に似ている。似ているというよりも、東大寺の誕生仏に模してつくったと考えていい像です。

東大寺の誕生仏というのは、日本の誕生仏のなかでは一番大きな像なのです。誕生仏というと、非常に小さな像が多いわけですけれども、四月八日のお釈迦さまの降誕会（灌仏会）に、現在では甘茶をかけるわけですが、甘茶をかけるのは、ちなみに江戸時代ぐらいからで、その前は香水

図4　誕生釈迦仏立像　善水寺

をかけていたようでありますけれども、そういう四月八日に使われるお像と考えられております。

この東大寺のお像は、大仏さまができあがって、開眼供養がされる、その前後ぐらいにたぶんできあがっているのだろうと思います。

その東大寺の前で、四月八日に聖武太上天皇や光明皇大后が香水をかけたのだと思います。このような誕生仏に関連して、天平宝字六年（七六二）に、大仏の開眼供養が終わって十年ほどたってからですけれども、石山寺に阿弥陀仏、これはどうも絵像だったらしいのですが、それと太子像を東大寺から運んだという記録が『正倉院文書』のなかにみえます（大日古五―一九七）。太子像とは、お釈迦さまのことを悉達太子といいますから、この悉達太子の像で誕生仏だというふうにとらえることができると思うわけです。だから、東大寺にあった誕生仏、おそらく図5のような誕生仏が石山寺にもたらされているということです。これはおもしろいですね。石山寺でも誕生仏を使った儀礼、行事をやったということです。

石山寺には誕生仏は現在伝わっていませんが、このように石山寺に届いた誕生仏、その影響が善水寺にも及んでいったのだろうと推測するわけです。ただここには、もうひとつ説明を加えないといけないことがあります。

この善水寺のある位置というのは、東大寺の甲賀の山作所の材木が出てくる三雲川津（湖南市三雲）に近く、また本寺のある岩根山麓には、良弁開基の伝承を持つ少菩提寺をはじめ、野洲川対岸には同じ伝承のある大菩提寺（金勝寺）があるのです。このようにこの地域は東大寺との関係が深く、こういった事情から、この誕生仏が善水寺あたりに伝わっていると考えられるのではないかと思うわけです。

図5　誕生釈迦仏立像　東大寺

東大寺と善水寺の誕生仏でおもしろいのは、普通の誕生仏と違って、肉髻《にくけい》とか螺髪《らほつ》とかをあらわして、非常に豊かにつくられていることです。ここには、仏というのは人と違って三十二の特別な姿や、八十の小さな特徴を備えている、いわゆる三十二相八十種好が表わされているのではないかと考えられるのです。

『正倉院文書』の中には、東大寺の大仏をつくった造仏長官、国中連公麻呂が「三十二相八十種好」を写させているという興味深い史料があります。これは具体的にどんなものだったのかわからないのですけれども、国中連公麻呂が仏の姿を勉強、研究しているわけであります（大日古二一七二〇）。

そういう目で改めてこの二躯の誕生仏を見てみますと、「三十二相八十種好」が誕生仏としては異例なのですけれども、備わっている部分が肉髻・螺髪の他にも見られるのです。頰が豊かに張っているのは三十二相のなかでは獅子頰相といって、頰が獅子のように膨らんでいる相であったり、上半身も非常に豊かにつくっていますが、これは獅子のように豊かに胸が張っている上身獅子相が相当します。

そして、七処隆満相といいまして、両手先、両足先、首筋、両肩の七つの部分が膨らんでいるとか、両腋下隆満相つまり両脇の下が、人間はくぼんでいますが、仏さまは膨らんでいるのだとか、そういう特徴がこの三十二相にあるのですが、この二像を見てもそんなところが備わっているわけなのです。特にこれらを強調して肉付しているとさえ見えてまいります。

国中連公麻呂が三十二相の勉強をしてどこに応用したか、こういうところに応用したんだということを考える余地があるのではないかと思っているわけです。

ちょっと時間が押してきましたが、スライドをお願いします。

スライド
以下はスライドによって各像の細部表現にわたった解説を行いましたが、ここではその内容をまとめて記しておくことにします。
○石山寺如意輪観音像について
現本尊像が平安後期の作であることを、その温和で豊かな様式から確認し、さらに先に述べた持物形も確認しました。そして、石山寺本尊の姿を伝えるものとしては最も古い、十世紀の前立像の表現を見るとともに、十二世紀の作で西大寺に所蔵される同姿の像を紹介することで、この姿が南都のものであることに言及しました。また現在の前立像が江戸期の作ではあるものの、作域の優れた作例であることも紹介しております。

そして、両脇侍の描かれた田中本『諸観音図像』によって、脇侍の問題にわずかに触れ、この問題は他日を期したい旨をお伝えしました。
○善水寺誕生釈迦仏立像について
まず二像の像高が、東大寺像は四七・二センチに対して、善水寺像では二三・二センチであって東大寺像の約半分としていること。東大寺像は天平期の、一尺を二九・五㎝とすると、一尺六寸となり、仏の本来の高さである一丈六尺の十分の一としての大きさを示しているのではないかと述べました。

つづいて東大寺像と善水寺像を比較して、姿の共通点と相違点をのべると共に表現の魅力を説明しました。共通点は、全体の姿勢や服制、先に述べた三十二相にかかわる肩・胸・腋・腕そして首（三道の盛上がり）などの肉付の豊かなことの他に、耳の形などを確認し、相違点として、頭体のバランス、顔の表情、裳裾の処理、衣文線などをあげ、東大寺像が写されていく中での変化を指摘しました。

木之本町・鶏足寺木造如来立像

この項では、まずスライドによって、鶏足寺如来立像（図6）と奈良・唐招提寺伝薬師如来立像（図7）が以下諸点のように細部にわたるまで共通する特色を持つことを確認し、その関係について言及しました。

・全体のプロポーション。全体に量感豊に肉付けし、特に大腿部を強調すること。
・頭部では、豊頬の面相、微笑をしめす表情。頭部側面で水平となる地髪上に載せられる肉髻。
・着衣では、偏袒右肩に着す大衣を体に密着したようにあらわすこと。背面の大衣先端部に数段の襞をあらわす点。大衣の右側面下方で、前方に折れを作る点。

・衣文線では、右肩にみえる二本の衣文線が弧を描きながら先で重なる表現、大腿部上方の集中とその下方の拡散のあり様、背面の衣文線の配分の仕方。

図6　伝薬師如来立像　鶏足寺

図7　伝薬師如来立像　唐招提寺

上記の共通点は、鶏足寺像が唐招提寺像と単に同時代的な関係にあるだけでなく、きわめて密接な関係にあることを示しています。言い換えますと、鶏足寺像は、唐招提寺像をもとに作られた像だと考えてよいと思われるのです。

ところで、唐招提寺伝薬師如来立像は同寺に伝わる伝衆宝王菩薩像や伝獅子吼王菩薩像とともに、鑑真和上が作らせた木彫であると考えられます。ゆえにこれらの木彫は、中国の仏像の姿を伝えたものと捉えられることに注意できるとともに、ここでは詳しく述べることは出来ませんが、これら三体に仏・菩薩をこえて豊頬の顔立ちに微笑する表情をあらわす面相が共通するのは、戒律儀式にかかわる重要な意味をもつと考えています。

また上記の唐招提寺木彫像の伝衆宝王菩薩像を写したと考えられる像として、香川・正花寺菩薩立像が知られていることから、ここに指摘した唐招提寺伝薬師如来像と鶏足寺像との関係もより確かなこととして浮上すると思われます。

因みに最近発見された守山・蜊江《つぶえ》神社の吉祥天立像も、上記に類する貴重な作例と推測できます。（土井通弘「蜊江神社像・天部形立像について」〈『仏教芸術』二七八〉）。

スライドでご確認をいただいたように、木之本町の鶏足寺の如来立像は唐招提寺の仏像と、細かなところまで表現が似ています。これより、唐招提寺の像に倣ってこの像が作られたとしか考えられません。

そうするとどういう意味を持ってくるか。たんに奈良の文化が湖北に来たんだという、それも非常に重要な意味ですが、それ以上の意味を持ってくると思うわけです。

それは史料5の『日本霊異記』下巻第二十四、「修行ふ人を防ぐるに依りて猴の身を得る縁」を読み込んでみると、明らかになってくるのではないかと思うわけです。

この話は神仏習合といいまして、日本の神さまと仏さまとの関係を考えるうえでもたいへん重要で興味深い話なのですが、内容は近江国野洲郡御上《みかみ》神社の神さまにまつわるお話です。

時代は宝亀年中（七七〇〜八〇年）、神は神社の近くの堂にいた大安寺の僧に、自分のために法華経を読んでくれることを頼みます。この神は、前世に東インドの王であった時に、修行僧の従者の数に制限を加えた罪によって猿の身になったこと、猿身をのがれるために法華経読誦が必要なことを語ります。ところが、この神は、僧から供養料を要求されますが、その供養料を捻出できずに法華経を読んでもらえないのです。そこでどうなるかと言いますと、これからが重要なところですが、

「然れば、浅井郡に諸の比丘有り。六巻抄を読まむとす。故に我れ其の知識に入らむ」というわけです。

つまり、浅井郡で『六巻抄』を読んでいる僧たちがおり、自分もその仲間に入りたいんだということを願う。

ここで言う『六巻抄』とは唐の道宣（五九六〜六六七年）というお坊さんが書きあらわしたもので、詳しくは『四分律刪繁補闕行事鈔』という戒律を守ってお坊さんたちが生活をするための方法が説いてある本なのです。

これは六巻仕立てだったので『六巻抄』と言うのだそうですが、それを読んで、修行をしている人たちの仲間に入りたいということです。

道宣というお坊さんは、実は鑑真和上の法脈に当たります。彼は、南山律宗という中国の戒律の宗派をつくりまして、その南山律宗を鑑真さんは習うわけです。そして、それを日本に伝えます。ところで、この修行の場の浅井郡は、鶏足寺のある伊香郡（木之本町）のお隣ですね。浅井郡内から鶏足寺まで五キロ足らずでしょうか。水系でつながっていたりします。浅井郡での戒律修行が鶏足寺辺まで広がっていたとしても何ら不思議はありません。そんななかで、唐招提寺の鑑真さんがつくった仏像と特徴を同じくする仏像が鶏足寺に伝わっている。霊異記説話から読み取れる宗教事情と、鶏足寺の仏像が響き合う事象であることに気づかされるのです。

説話によるためか、宝亀ころにこのような戒律修行が地方で行われていることは全く認識されていなかったわけでありますが、鶏足寺像の存在によってこの実態が確かめられるわけであります。また一方で、鶏足寺像と唐招提寺像との関係は、この説話を組み入れることで、単なる偶然でないことが判明するわけです。

美術史・宗教史にとりましても、鶏足寺像は極めて重要なのです。

鶏足寺伝十二神将像

本日お話しすべきことは大体終わったのですが、最後に鶏足寺像をより理解するうえでも、また近江の天平彫刻を語るうえでも、スライドによって鶏足寺に伝わる伝十二神将像三躯（図8）について簡単に見ておきたいと思います。

（以下はスライドによる説明の要旨）

まず技法について、木彫の上に乾漆といって、漆に混ぜ物をしたものを使って、表面を造形しています。これを木心乾漆造といい、奈良時代から平安時代初期にかけて特に多く用いられた技法で、このような像が残っているのは地方ではとても珍しいことです。この点からも、天平文化のこの地への伝播を確認できるのです。

この三躯の像について、ここでもその名前の問題を検討しておきます。

現在これらは、十二神将像のうちの三躯が残ったのだと言われています。しかし、結論から申し上げますと、十二神将ではなく、四天王であると考えます。

その理由として、三躯のうち兜をかぶらない二躯の像は、髪部において毛を逆立てる個所は認められないことがあげられます。実は、奈良時代や平安時代の十二神将像をみてみると、どこか部分的にでも髪の毛を逆立てる表現をとることがほとんどなのです。

また三躯は、邪鬼ではなく岩座に立っておりますが、四天王で岩座に立つ像は奈良時代後半にだいたい限ってあらわれるのです。当像はこの時代に適合するわけです。

このような理由から、鶏足寺伝十二神将像は四天王像と考えるほうがよいと思うのです。そうしますと、先にお話した鶏足寺木造如来立像も、これらが十二神将と考えられていたことから薬師如来と推測されることも多かったのですが、直ちに薬師如来であるとはいえなくなると思います。

図8　伝十二神将像　鶏足寺

ちょっと消極的なことになり残念ですが、今後はこの四天王像からも新たな視野が開けてくることを期待したく思います。

以上、近江のなかでの天平時代に関連する彫刻作品を求めて、それを平城京の作品と比較検討することからみえてくる、天平時代の近江の特質を考えてきたのが本日のお話でございました。ご清聴有難うございました。

※石山寺本尊像及び鶏足寺像の詳細に関しましては、左の拙稿をご参照いただければ幸いです。

・「奈良時代の「如意輪」観音信仰とその造像―石山寺像を中心に―」（『美術研究』三五三）

・「湖北の古代彫像―鶏足寺伝薬師如来立像を中心に―」（『鶏足寺の文化財Ⅰ〈美術工芸編〉』木之本町教育委員会）

・「唐招提寺木彫群の宗教的機能について」（『仏教芸術』二六一）

【史料1】『三宝絵詞』長谷菩薩戒

むかし、辛酉の歳に大水出でて大きなる木流れ出でたり。近江国高島郡の三緒が崎に寄れり。里の人その端を切り取れり。すなはちその家焼けぬ。またその家よりはじめて村里に死ぬる者多かり。家々祟りを占はするに、この木のなすところなりといへり。これによりてありとしある人近付き寄らず。この時に大和国の葛城の下郡に住む出雲の大満といふ人この里に来れり。この木を聞きて心の中に願を発す。「願はくはこの木をもちて十一面観音を造りたてまつらむ」と。（以下略）

（『三宝絵詞』五月　二十長谷菩薩戒）

【史料2】『図像抄』巻六（大正新修大蔵経　図像編三）

（ア）但世多図造左持蓮華右説法印之像。今石山寺如意輪是也。当于先所引如意輪陀羅尼経所説像。（中略）

（イ）右所引二臂像与石山寺像頗有相違。従昔所造畫二臂像。皆右手作施無畏。左手於膝上作与願印垂下。左足坐盤石上。大和国龍蓋寺丈六如意輪像亦同之。東大寺大仏殿左方如意輪亦同之垂下左足。

（ウ）但石山寺焼亡之時。寺僧拝見之。左手作与願安膝上垂下。右手持蓮華。々上安如意輪宝珠。其花茎分三枝。一枝未開花。今一枝荷葉也。

【史料3】種々観世音経并応用色紙注文（大日本古文書十二―四一一）

種種観世音経

合拾玖部　廿二巻

応用色紙弐伯肆（五十三）拾玖張

二百卅二張見写料

十張儲料

七（十一）張表紙　以一張着二巻

観世音経一巻　五紙
不空羂索咒経一巻　十三紙
不空羂索神咒心経一巻　十五紙
不空羂索陀羅尼自在王経三巻　卅二紙
千眼千臂観世音菩薩陀羅尼神呪経二巻　廿四紙
千手千眼観世音菩薩廣大円満無礙大悲心陀羅尼呪経一巻　十八紙
○観世音菩薩秘密蔵神尼経一巻　六紙
○観世音菩薩如意摩尼陀羅尼経一巻　八紙
○観自在菩薩如意心陀羅尼咒経一巻　四紙
請観世音菩薩消伏毒害陀羅尼咒経一巻　十三紙
観世音菩薩受記経一巻　十五紙
十一面観世音神咒経一巻　二紙
十一面神咒心経一巻　六紙
清浄観世音普賢陀羅尼経一巻　六紙
○観自在如意輪菩薩瑜伽法一巻　十一紙
○観世音如意輪含薬品一巻　四紙
観世音菩薩陀羅尼経一巻　卅紙　目録外

高王観世音経一巻　一紙目録外
観世音三昧経一巻　九紙目録外
天平勝宝五年二月十一日　※天平勝宝五年＝七五三年
観自在菩薩随心呪一巻
不空羂索神変真言経三十巻
右二経有名無実

【史料4】東大寺僧安寛請経文（大日本古文書十三─四〇）

奉請
如意陀羅尼経　小巻
右、為大御多末尓将誦、所請如前
又釈摩界陀羅尼
又花厳経寿命品
天平勝宝五年九月廿三日付沙弥定矜
僧安寛

【史料5】『日本霊異記』下巻第二十四「修行ふ人を妨ぐるに依りて猴の身を得る縁」

近江国野洲郡の部内の御上嶺に、神の社有り。名けて陀我大神と曰ふ。封六戸を依せ奉る。社の辺に堂有り。白壁天皇の御世の宝亀年中に、其の堂に居住める大安寺の僧恵勝、暫頃修行ふ時に、夢に人語りて言はく「我が為に経を読め」といふ。驚き覚めて念ひ怪しぶ。明日に小き白き猴現れ来りて言はく「此の道場に住みて、我が為に法華経を読め」といふ。僧問ひて言はく「汝は誰れぞ」といふ。猴答へて言はく「我れは東天竺国の大王なりき。彼の国に修行僧有り。従者の数千なり。所以に農業怠る数千といふは、千余の数を数千と云ふなり。因りて我れ制めて言はく「従者多くあることなかれ」といひき。其の時に我れは従衆の多きことを禁めて、道を修ふことを禁めずといへども、従者を妨ぐるに因りて罪の報と成りて、なほ後の生に此の獼猴の身を受け、此の社の神と成る。故に斯の身を脱れむが為に、此の堂に居住みて我が為に法華経を読め」といふ。

（中略）

僧言はく、「供養無くは、何為経を読み奉らむ」といふ。獼猴答へて言はく「然れば、浅井郡に諸の比丘有り。六巻抄を読まむとす。故に我れ其の知識に入らむ」といふ浅井郡は、同じき国の内に有る郡なり。六巻抄は是れ律の名なり。（下略）

第二部

大仏はなぜ紫香楽で造られたのか

基調講演

聖武天皇の東国行幸と皇位継承問題

学習院大学講師

遠山　美都男

こんにちは。遠山です。よろしくお願いいします。

今日、私に与えられましたテーマは「聖武天皇の東国行幸」ということでございまして、聖武天皇が平城京を出まして五年間帰ってこないと。それを「彷徨《ほうこう》五年」と言うわけですが、そのきっかけになったのが、この東国行幸ということになりまして、あとで詳しく申しあげますように、この東国行幸のあとに本格的な「彷徨五年」が始まるということです。

いきなり冒頭でシンポジウムのタイトルに文句をつけるようで恐縮なのですが、聖武天皇にとって、その五年間が本当に「彷徨」といいますか、さすらいといいますか、目標の定まらない行動であったのかどうかということは、私も含めまして今日の皆さんのお話を総合したうえで考えなければいけないことなのではないかと思っています。

結論から先に、私の意見というか考えを一言で申しあげると、私は七四〇年から七四五年までの五年間は、決して彷徨とは言えないと。明らかに明確な目的、目標のあったうえでの一連の行動であると考えております。

本題に入る前に、ひとつだけ申しあげておきたいことがあります。それは六年前の一九九九年に角川書店から『彷徨の王権　聖武天皇』という本を出版しておりますが、それから六年の歳月がたちまして、現在の考えが前に書いたときの考えとは、だいぶ変わってきているということです。ですから、前に書いた本をお読みいただいた方には、たいへん申しわけないのですけれども、今回の東国行幸を含めまして、以前とはだいぶ考え方が変わってきているのだということを、あらかじめ白状といいますか、告白しておきます。

たとえば、角川書店で出した本のタイトルの一部に「彷徨」という文字が入っていますが、先ほども申しあげたとおり、現在私は「彷徨」の語は妥当性を欠くのではないかと考えております。

彷徨ではなかった東国行幸

まず初めに東国行幸の位置づけといいますか、そのアウトラインについてお話をしておきたいと思います。また東国行幸の関係年表をご覧いただきながら聞いていただきたいと思います。

七四〇年（天平十二）八月に九州の大宰府で藤原広嗣《ひろつぐ》の反乱が起きまして、これをきっかけにして聖武天皇は平城京をあとにするのですね。ただ、九州で起きた広嗣の乱が近畿地方に波及し

727（神亀４）	閏９月　藤原安宿媛（聖武夫人）が某王を生む 11月　某王立太子
728（神亀５）	９月　皇太子某王没（2） この年　県犬養広刀自（聖武夫人）が安積親王を生む
729（天平元）	２月　長屋王の変 ８月　藤原安宿媛立后（光明立后）
737（天平９）	３月　聖武天皇が国毎に釈迦仏像・脇侍菩薩像の造立と大般若経書写を命ず（国分寺構想）
738（天平10）	１月　阿倍内親王立太子
740（天平12）	２月　聖武天皇が難波宮に行幸（その途次、河内国智識寺で盧舎那仏を拝す） ８月　藤原広嗣の乱 10月　聖武天皇が東国行幸に出発 12月　聖武天皇が恭仁京造営を開始
741（天平13）	２月　国分寺・国分尼寺建立の詔
742（天平14）	２月　恭仁京の東北道を開く ８月　紫香楽宮の造営開始。聖武天皇が紫香楽宮行幸 10月　塩焼王が女孺らと平城京の獄に下され伊豆国三嶋に配流
743（天平15）	５月　阿倍皇太子が天武天皇の作った「五節」を舞う 10月　盧舎那仏（大仏）造立の詔。甲賀寺の寺地を開く 12月　恭仁京造営を停止
744（天平16）	閏１月　聖武天皇が難波宮行幸。安積親王没（17）
745（天平17）	４月　塩焼王が配流を解かれて帰京（翌年閏９月に本位に復す） ５月　聖武天皇が平城宮還幸 ８月　金鐘寺で盧舎那仏造立を開始 ９月　聖武天皇が難波宮で不豫、孫王らを召集。この時に橘奈良麻呂は「然も猶、皇嗣立つること無し」と語ったという
746（天平18）	12月　聖武天皇が金鐘寺行幸。盧舎那仏を供養
749（天平勝宝元）	７月　聖武天皇の譲位により阿倍皇太子即位（孝謙天皇）
752（天平勝宝４）	４月　東大寺盧舎那仏開眼供養
756（天平勝宝８）	５月　聖武太上天皇没(56)。遺詔により道祖王立太子。

表1　聖武天皇の東国行幸　関係年表

672（天武元）	6月　大海人皇子が吉野宮を脱出（壬申の乱始まる）
673（天武2）	2月　大海人皇子即位（天武天皇）。菟野讃良皇女立后
679（天武8）	5月　吉野盟約（皇后菟野讃良皇女－草壁皇子－大津皇子－高市皇子という皇位継承順位が確定）
686（朱鳥元）	7月　天武天皇の病により菟野讃良皇女が「称制」開始
	9月　天武天皇没
689（持統3）	4月　草壁皇子没（28）
690（持統4）	1月　菟野讃良皇女即位（持統天皇）
694（持統8）	12月　持統天皇が藤原宮に遷る
697（文武元）	2月　珂瑠皇子立太子
	8月　持統天皇の譲位により珂瑠皇太子即位（文武天皇）。藤原宮子（不比等の女子）入内
698（文武2）	8月　文武天皇が藤原朝臣姓の継承を不比等の家系に限定
699（文武3）	10月　文武天皇が越智山陵（斉明陵）と山科山陵（天智陵）を造営
701（大宝元）	この年　藤原宮子（文武夫人）が首皇子を生む
702（大宝2）	12月　持統太上天皇没（58）
707（慶雲4）	4月　草壁皇子の薨日を「国忌」とする。文武天皇が藤原不比等に食封5000戸を賜う（不比等は2000戸のみ受領）
	6月　文武天皇没（25）
	7月　文武天皇の遺詔により「皇太妃」阿閇皇女が即位（天明天皇）。即位宣命で文武天皇の即位が天智天皇の「不改常典」によることを述べる
	11月　文武天皇に「倭根子（後に天之真宗）豊祖父天皇」の謚号を献上
713（和銅6）	11月　石川刀子娘・紀竈門娘（文武嬪）の嬪号を剥奪
714（和銅7）	6月　首皇子立太子
715（霊亀元）	9月　元明天皇の譲位により氷高内親王即位（元正天皇）
718（養老2）	この年　藤原安宿媛（皇太子妃）が阿倍女王を生む
719（養老3）	10月　元正天皇が舎人・新田部両親王に首皇太子の輔佐・訓導を命ずる
724（神亀元）	2月　元正天皇の譲位により首皇太子即位（聖武天皇）

てくることを恐れて平城京を出たというのが、かつての定説でしたけれども、それは明らかに間違いです。というのは、広嗣の反乱が完全に鎮圧されたあとに聖武天皇は、いまこのときではないが、やむをえないことと言い残して、平城京をあとにするのです。

だから、広嗣の一味、与党が畿内で反乱を起こす危険があるから、そういうことを恐れて、それに追われるようにして平城京をあとにしたということではないということですね。ただ、きっかけはあくまでも広嗣の乱です。それが鎮圧されたのを機に十月、聖武天皇は東国行幸に出発するわけです。

そして、この東国行幸は、あとに詳しく申しあげますように、聖武天皇の曽祖父にあたります天武天皇が壬申の乱のときにたどりましたコースをほぼたどりまして、それから琵琶湖の東岸を南下いたしまして、そしてその年の十二月には山背国相楽郡にありました恭仁にたどり着きまして、そこで都の造営に取り掛かるのですね。恭仁京造営が開始されるわけです。

一年置いて七四二年（天平十四）二月に恭仁京の東北に道を新たに開拓しまして、そして恭仁から紫香楽に向かう道路を開通させます。そして八月には、恭仁から見て東北の方角にあります近江国紫香楽に離宮の造営を始めると。そしてこれを機に聖武天皇はたびたび、この紫香楽に行幸を繰り返すことになるわけです。

そして七四三年十月、この紫香楽の地で盧舎那仏《るしゃなぶつ》、正確には毘盧舎那仏《びるしゃなぶつ》なのでありますが、いわゆる大仏造立の計画が立ち上げられます。有名な「大仏造立の詔」が出され、紫香楽の甲賀寺の寺地が開かれることになるわけです。

同じ年の十二月には、まだ造営に着手して間もないといいますか、日も浅い恭仁京の造営が財政難を理由に中止されております。そして七四四年閏一月、聖武天皇はなぜか難波宮に行幸しまして、そしてただちに取って返して紫香楽へ行くといった行動を取るわけですね。

そうこうするうちに七四五年（天平十七）五月に聖武天皇は、この紫香楽において大仏をつくることを事実上断念いたしまして、五年ぶりに平城京に帰ってくる。還幸するわけであります。そして、その三カ月後の八月に金鐘寺《こんしゅじ》、これは現在の東大寺の前身にあたるお寺でありますが、ここで盧舎那仏造立を開始といいますか、再開することになるわけですね。

年表に即していえば、ざっとこのような背景があって、七四〇年（天平十二）から七四五年（天平十七）まで、たしかに聖武天皇は平城京を出ていた。そして恭仁、紫香楽、さらに難波と各地を転々としたわけですね。その転々としたことが「彷徨」と言われる由縁であります。

従来は、この各地を転々としたのは、いわゆる無計画で場当たり的な行動であったと理解されて、聖武天皇のひ弱な性格といいますか、優柔不断で神経質な性質うんぬんということまで議論されてきました。

私が今日お話しすることになっております東国行幸は、いわゆる「彷徨五年」の最初に位置するわけでありまして、七四〇年の十月から十二月のおよそ二カ月ほどのことです。その行幸の目的や意義について、私は今日、皆さんにお話ししたいと思うわけです。

まず、この東国行幸の果てにたどり着きました恭仁で、先ほど申しあげたとおり、平城京に勝るとも劣らない、それに匹敵するような都城といいますか、都の建設が開始されたわけでありますが、この恭仁になぜ都をつくったのかというのは、いろいろ議論もあるところであります。

結論をまず申しますと、紫香楽において大仏を造立するための中継基地として恭仁京は営まれたと理解してよいのではないかと、私は考えているのです。そして、なぜ紫香楽なのかというのは、また大事な問題なのですが、この盧舎那仏、大仏をつくるという計画自体は、ずいぶん早くに起こっています。七三七年(天平九)三月、聖武天皇は国ごとに釈迦仏像、脇侍菩薩像を造立すること、大般若経書写をおこなうことを命じているわけであります。のちに国分寺、国分尼寺の建立につながっていく計画といいますか、企画が早くも七三七年段階で立ち上げられているわけです。

さらに諸国でつくられました釈迦仏像の上に君臨する仏像としまして、結果的には東大寺の大仏が、のちにつくられることになったわけですが、大仏自体の建立も七四〇年二月に聖武天皇は、あるヒントを得まして、そのような計画を自分のものにしているわけですね。七四〇年二月、聖武天皇は難波宮に行幸したのですが、その通り道で河内国の智識寺のご本尊である盧舎那仏を見て、自分もこれと同じものを、同じようなやり方でつくろうと考えついたのですね。

だから遅くとも七四〇年の初頭には、聖武天皇は盧舎那仏造立を、すでに計画として持っていたわけですね。正確にいうと、広嗣の乱の鎮圧は、この大仏造立に聖武天皇が着手する絶好のタイミングといいますか、絶好の機会であるので、それをとらえて行動に踏み切ったのであるという理解が可能であると思います。

そうしますと、聖武天皇が東国行幸の果てに恭仁にたどり着き、その恭仁で都の建設を始めたときから、それ以降の四年数カ月、これは明らかに計画的なものですね。遅くとも七四〇年の二月以降、国分寺建立については七三八年からもうすでに計画されていたことを実施に移したということになるのであります。ですから「彷徨五年」ではなく、明らかに明確な目的を持っており、その目的といいますか計画は、ずいぶん早い段階から、すでにあったものであるということになるのです。

それで、いわゆる「彷徨五年」の初発の段階といいますか、最初の段階におこなわれた東国行幸の実像といいますか、あるいはその意義は、いったいどういうものであるのかということになりまして、それが今日の話の本題になるわけです。

盧舎那仏の造立が計画的なもので、ずいぶん早い段階から計画されていたというか、考えられていたとするならば、その盧舎那仏造立の前提といいますか、その前置きのようなかたちでおこなわれた東国行幸も、思いつきというか、非計画的なものではありえないですね。東国行幸から、それに続く盧舎那仏の造立というのは、やはりひと続きのもの、一連のものであって、いずれも一貫して計画的なものであると考えることができると思うのです。

極論すれば、こういうことなのですね。もし聖武天皇が恭仁を拠点にして、紫香楽で大仏をつくるのが計画の本筋というか、計画の本体であるとするならば、平城宮からちょっと北に行けば恭仁なのですから、いきなりそこに行けばいいわけです。だが、そうしないで、わざわざ遠回りして、かつての壬申の乱のコースをたどって、こういう大規模な行幸をしている。しかもあとで申しあげますとおり、それは騎兵に前後を守られての軍事行動というか、軍事パレードでありましたから、そういうものをわざわざしているということは、やはりそれも計画の一環であると考えることができると思うのです。

つまり、東国行幸と、そのあとの盧舎那仏造立は連動するというか、一連の計画としてリンクしているといいますか、つながっているものであると理解することができると思うのです。

そうしますと、東国行幸の実像や、その狙いとするところが明らかになれば、盧舎那仏造立の目的も、より鮮明にできるはずであると思うのです。従来、盧舎那仏の造立の意図については、「大仏造立の詔」にも示されていますように、盧舎那仏の広大な徳と慈悲を世界中に及ぼすことによって国をまとめるというか、国に安定をもたらすのだという、あくまでタテマエに属するようなことが言われております。

ただ、大仏を聖武天皇がつくろうとしたのは、そういうタテマエと同時に、やはり聖武天皇自身の、ある程度切迫した理由といいますか、動機が必ずあったはずだと思うのですね。それが何なのかというのが、東国行幸の実像や、その狙いというものを明らかにすれば見えてくるのではないかと私は思います。それによって見通すことができると思うのですね。

東国行幸というのは、ただの思いつきでやったわけではないのです。そのあとの盧舎那仏造立の究極の目的に連動するというか、つながっていくものである。だからこれは充分に研究したり分析したりすることに意義があるというか、価値があると思うのですね。

東国行幸の背景に見える皇位継承問題

先ほども簡単に申しあげましたように、東国行幸のコースは、明らかに六七二年に起きた壬申の乱において天武天皇がたどったコースをはっきり意識して選定されているのです。図1の太い実線で書かれているのが七四〇年に聖武天皇が通ったコース、太い点線が大海人皇子、すなわち天武天皇がたどったコースですね。吉野を出て東国に彼が向かったときのコースであります。

この地図からも明らかですが、天武天皇のたどったコースと聖武天皇のたどったコースは若干ずれがありますが、途中からは完全に重なります。赤坂頓宮から不破頓宮までのコースは、ほぼぴったり重なるわけであります。

この不破よりあとは、琵琶湖の東岸を南下するコースを取るのですね。こちらは、天武天皇自身がたどったコースではないわけです。壬申の乱にゆかりのある場所といいますか、壬申の乱において戦場になった場所をたどっているのが、この不破以西のコースということになります。

先ほど申しあげたように、聖武天皇は七四〇年十月に平城京を出ます。そのときに、前後は騎兵隊によって守られて粛々と、その歩みを進めていったのですね。これは、見ようによっては軍事パレードです。単なる行幸ではないのです。軍事的な威圧といいますか、威嚇をおこないなが

図1　東国行幸の経路と壬申の乱行軍経路

らの行動だったわけで、盧舎那仏造立に先立って、なぜそのようなことをする必要があったのかというのは、やはり重要な問題として取りあげる必要があると思います。

　なぜ聖武天皇は、大仏造立に先立って、こういうコースをわざわざ歩んだのか。しかもなぜ前半は軍事パレードをしたのかということについては、いろいろな考え方があるのですが、今日のテーマに即して申しあげますと、なぜ聖武天皇は、聖武天皇から見て五代前の天皇で、曽祖父にあたる天武の存在をクローズアップするようなコースをわざわざ通ったのだろうか。そして、なぜ当時の人々の記憶から、壬申の乱を呼び起こすようなコース選定をしたのだろうかということが、やはり問題になってくるわけです。

東国行幸のコースに関して、天武天皇や壬申の乱をことさらにクローズアップするといいますか、思い起こさせるようなことが企図されている点から見ますと、壬申の乱というのは、皇位継承問題が原因で起きた内乱だというのは明らかですから、それをこの段階でわざわざ、皆にもう一度想起させようと聖武天皇がもくろんだということは、当時の東国行幸の背景には皇位継承問題があるということを推察させるのに充分ではないかと思うのです。

従来は、東国行幸が盧舎那仏の造立と連動している可能性は、何人かの方がそういうことを指摘されていますが、でも東国行幸の背景に聖武天皇をめぐる皇位継承問題があったということは、はっきり言われている方が少ないと思うのです。そこで私は、この聖武天皇が直面していた皇位継承問題と東国行幸を考え合わせることによって、従来言われていなかったというか、従来明確に見えなかったことが見えてくるのではないかということで、以下、これに関する私の意見を述べてみたいと思います。

まず、聖武天皇が東国行幸で天武天皇や壬申の乱を皆に思い起こさせるようなコースを通ったのは、壬申の乱の「追体験」をしようとしたという意見があります。これは瀧浪貞子さんがおっしゃっていることです。たしかにそれは、なるほどといいますか、そのとおりかもしれないと思うのですが、ただ、大仏造立を前にして、なぜ聖武天皇は自分が壬申の乱の「追体験」をする必要があったのかということは、やはり改めて説明を要することだと思うのです。

また、もし聖武天皇が壬申の乱の「追体験」をしようとしたとすれば、明らかに聖武天皇は、自分を天武天皇になぞらえているということですね。ではなぜ聖武天皇は、大仏をつくる前にわざわざ自分を曽祖父の天武天皇に擬して、このような軍事パレードをする必要があったのかということになります。

ここで問題になるのは、天武天皇と聖武天皇とのつながりということです。これは先ほどから言っているとおり、系譜的にはふたりはたしかに深いきずなというか、血縁関係があるわけでありまして、天武天皇は聖武天皇の曽祖父であり、聖武天皇は天武天皇の曽孫であるわけですね。たしかにふたりは血のつながりがある。

従来は、この点を踏まえまして、こう言われてきたのですね。聖武天皇は天武天皇の直系であると。天武天皇の直系である聖武天皇だから、壬申の乱の「追体験」をおこなうだけの必然性があるというか、理由があると見なされてきたと思うのです。

ただ、実は七世紀の終わりぐらいから八世紀の初めぐらいの文献史料、主として『続日本紀』でありますが、それを見ますと、皇位継承や皇統意識という点で申しますと、天武天皇と聖武天皇との接点、つながりは意外にも乏しい。はっきり申しあげて、聖武天皇が自分のことを、天武天皇の直系の子孫であると認識していた形跡というか、痕跡は極めて乏しいと言わざるをえないと思います。

文武天皇を始祖とする皇統意識

このように言うと、奇異に聞こえるかもしれませんが、実は聖武天皇というのは、天武天皇の直系というように自分を意識してはおらずに、彼は自身のことを文武天皇の直系と認識していたと、史料の解読から、そのように指摘することができると思うのです。すなわち「文武直系皇統」、文武天皇を皇統の起点とするような意識、認識があって、聖武天皇は、そういった意識、認識の持ち主であったということが言えそうなのです。

系図を載せておりますので、それを参考にしていただきますと、話がわかりやすいと思うのですが、それによると、天武天皇と持統天皇とのあいだに生まれた草壁皇子が天智天皇の娘、のちの元明天皇と結婚して、そのあいだに生まれたのが文武天皇。文武天皇が藤原不比等の長女、宮子と結婚して、そのあいだに生まれたのが聖武天皇ですね。この聖武天皇が藤原不比等の三女でありますす光明子と結婚しまして、そのあいだに生まれたのが、古代最後の女帝になる孝謙（称徳）天皇。もともとの名前を阿倍内親王。一応基本となるところを押さえると、このようなことになります。

文武天皇は、聖武天皇の実の父親ですね。しかしながら、文武天皇というのは、従来あまり存在感が強調されてこなかったといいますか、非常に軽く見られてきたといいますか、天皇として

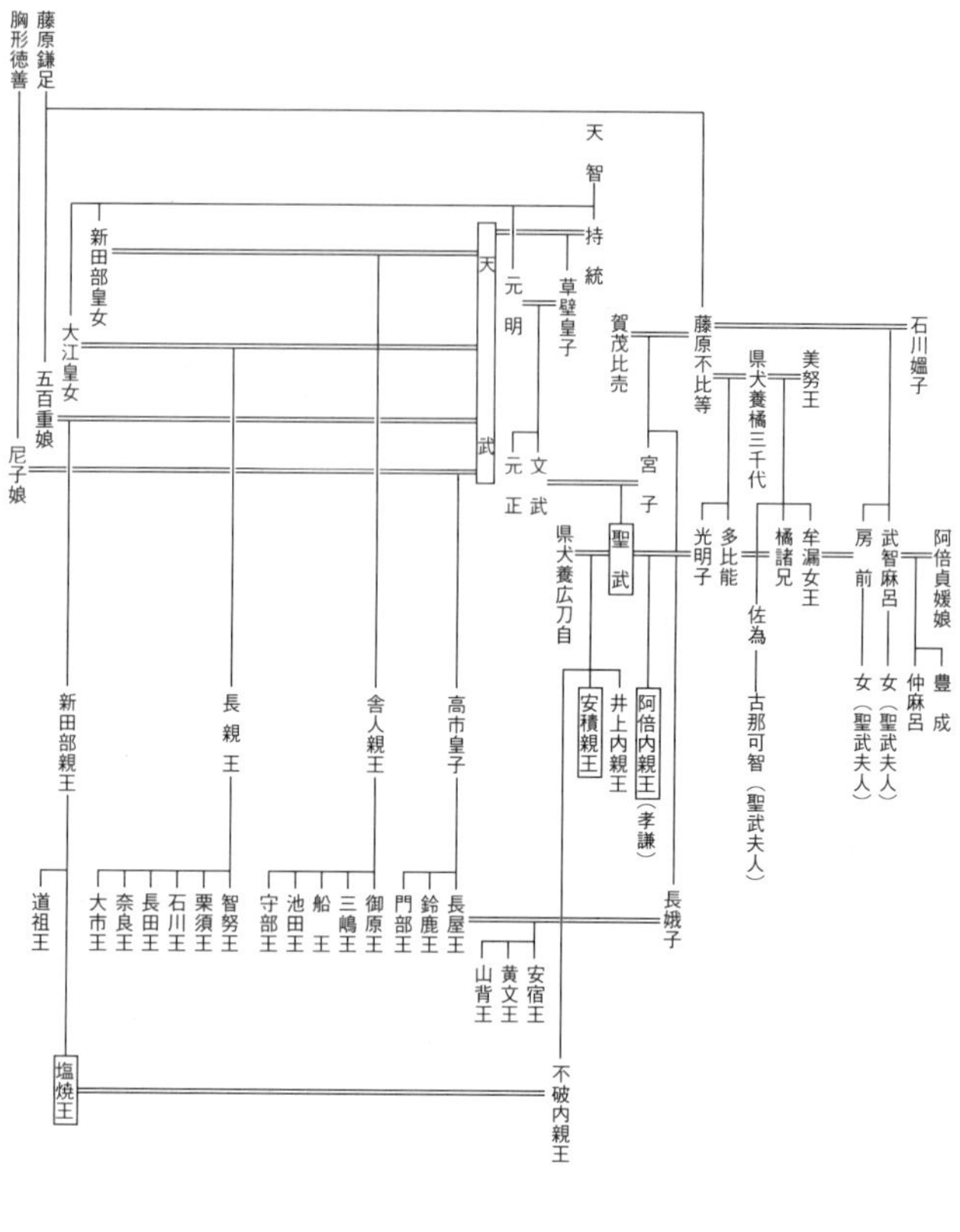
藤原鎌足
胸形徳善
天智
持統
天武
新田部皇女
大江皇女
五百重娘
尼子娘
元明
草壁皇子
元正
文武
賀茂比売
藤原不比等
石川娼子
県犬養橘三千代
美努王
宮子
聖武
県犬養広刀自
光明子
多比能
橘諸兄
牟漏女王
房前
武智麻呂
阿倍貞媛娘
佐為
古那可智（聖武夫人）
女（聖武夫人）
女（聖武夫人）
仲麻呂
豊成
安積親王
井上内親王
阿倍内親王（孝謙）
新田部親王
長親王
舎人親王
高市皇子
長娥子
道祖王
大市王
奈良王
長田王
石川王
栗須王
智努王
守部王
池田王
船王
三嶋王
御原王
門部王
鈴鹿王
長屋王
山背王
黄文王
安宿王
塩焼王
不破内親王

図2　聖武天皇関係系図

の存在感が乏しいと言われ続けてきたのですね。

六九七年（文武元）二月に珂瑠（軽）皇子（のちの文武天皇）が立太子、すなわち皇太子になる。これは史上初の皇太子なのです。六八九年に施行された法律（飛鳥浄御原令）により、わが国で初めて皇太子制度が発足し、その法に準拠して初めて皇太子になったのが、この珂瑠皇子、のちの文武天皇ですね。

珂瑠皇子は立太子から半年後の八月に、祖母にあたる持統天皇からの譲りを受けまして即位する。晴れて文武天皇の誕生となるわけですが、このとき彼がいったいいくつであったかというと、これはたいへん驚くべきことなのですが、わずか十五歳だったのです。文武天皇が即位するまでは、だいたい三十歳以上でないと即位できないという時代がずっと続いていました。年齢の成熟というか、老成していることが即位の条件である時代が、ずっと長いあいだ続いてきたのに、七世紀の末のこのときになって、突如として、わずか十五歳の少年天皇が誕生したわけです。

ただ十五歳と言いますけれど、現在の十五歳よりは、もっとしっかりしているというか、落ち着いていたと思われます。やはり昔の人はというか、近代以前の人は、例えば十五歳といっても、いまの年齢に換算すれば、プラス五歳から十歳ぐらいと考えてよいと思うのですが、それにしても十五歳の天皇というのは若いわけです。それが聖武天皇の父である文武天皇ですね。

文武天皇は、その在位中、いろいろな重要な仕事をした、そのツケがきたのでしょうか。わずか十年で結局、燃え尽きるように亡くなってしまう。十五歳で即位して、二十五歳で崩御してしまったわけであります。若くして即位して、若くして亡くなったから、あまり自分でやりたいこともできなかっただろう、主体的に仕事に取り組むこともできなかったに違いないというので、文武天皇は歴代天皇のなかでも影が薄いというか、存在感が極めて軽く見られていたんですね。

しかしながら、『続日本紀』を始めとした、この時代の史料を読み返しますと、実は文武天皇が、前後の天皇のなかでも非常に重要な位置にある天皇と見られていたことが判明します。何によってそのように考えるかというと、「不改常典」というものです。文武天皇は「不改常典」という、ある天皇が定めた法にしたがって即位した、選ばれた天皇、特別な天皇であると認識されていたということです。

その「不改常典」を誰がつくったかというと、「近江大津宮に御宇しし大倭根子天皇」、すなわち天智天皇がつくったということになっているわけです。その法律の内容といいますか、具体的な文は、こんにち伝わっていないのですが、『続日本紀』慶雲四年（七〇七）七月の壬子条というものがございます（史料1）。

これは重要なので、ちょっと読んでおきたいと思いますが、その前に、この七〇七年がどういう年かというと、年表をご覧いただくとよくわかると思いますが、この年の六月に文武天皇が亡くなっている。そしてその翌月の七月に文武天皇の遺言にしたがって、文武天皇のお母さんであった阿閇皇女、すなわち元明天皇が即位しているのですね。その元明天皇の即位のときに発せられた、いわゆる宣命が、この史料です。もう一度言いますが、元明天皇という女帝が即位する際に発せられた文の一節です。

「……関くも威き藤原宮に御宇《あめのしたしらしめ》しし倭根子天皇《やまとねこすめらみこと》、丁酉の八月に、此の食国天下の業を、日並所知皇太子の嫡子、今御宇しつる天皇に授け賜ひて、並び坐して此の天下を治め賜ひ諧へ賜ひき。」

「藤原宮に御宇しし倭根子天皇」というのは持統天皇ですね。「丁酉」は六九七年、「食国天下の業」は天皇の地位といいますか、天皇としての仕事。「日並所知皇太子」は、文武天皇の父である草壁皇子のことです。その草壁皇子の嫡子である「今御宇しつる天皇」というのが文武天皇です。

いま読んだ部分はすなわち、六九七年八月に持統天皇が、草壁皇子の嫡子である文武天皇に天皇の地位を譲りましたというか、文武天皇を即位させましたということを言っているわけです。それは何に基づくことであるのかというのが、そのすぐあとに書いてあります。

「是は関くも威き近江大津宮に御宇しし大倭根子天皇の、天地と共に長く日月と共に遠く改るましじき常の典と立て賜ひ敷き賜へる法を、受け賜り坐して行ひ賜ふ事と衆受け賜りて、恐み仕へ奉りつらくと詔りたまふ命を衆聞きたまへと宣る。……」

「関くも威き近江大津宮に御宇しし大倭根子天皇」、これが天智天皇。天智天皇がつくった、天や地と同じように永遠に、そして太陽や月と同じように永久に存在し、決して改めてはいけないという、とこしえの法典にのっとって、この文武天皇の即位というのが実現されたのだということが、これに書かれています。

すなわち、文武天皇は、天智天皇の意志というのか、天智天皇の命令によって即位したということが、これによってはっきりわかるわけです。だから、この時代のほかの天皇とは違いまして、文武天皇というのは特別な天皇だと見られていた。なぜかというと、天智天皇の意志、命令によって即位させられたというか、即位することになったという点で、他の天皇とは明確に区別されると認識されていたということですね。

では、本当に天智天皇が、文武天皇あるいは文武天皇のような天皇の即位を正式に指示していたのか、命じていたのかというと、これはしていたんですね。詳しいことは省いてお話ししなければなりませんが、天智天皇は、従来の「皇位継承法」を大きく改めようとしていた。合理的に改革しようとしたのです。

それで、こう決めたんですね。従来の「皇位継承法」とは違って、天智天皇とその弟の天武天皇の血筋を色濃く受け継いでいる、そのような特別な血統的な条件を持ったものが、これからは天皇になりうるというか、なるべきであるということを、実際に天智天皇はもくろんでおり、その実現に向けていろいろな手を打っていたのです。

具体的には、天智天皇の娘のうち四人が、天智天皇の弟、天武天皇にそろって嫁いでいる。だから天武天皇は、兄の娘、すなわち姪を結果的に四人もめとったわけでして、その間に生まれる子どもというのは、血筋の上で、たいへん濃縮された血筋を持っているということになります。そのような特別な血統を持った皇子というものを、この世に生み出すために、天智天皇は、そういう近親結婚を仕組んだわけであります。

天智天皇と天武天皇の両方の血を濃密に受け継いでいることを、天皇のひとつの理想的な条件とするのが「不改常典」であったと理解いたしますと、いま問題になっている文武天皇は、天智天皇と天武天皇の血を受け継いでいる草壁皇子がお父さん、そしてお母さんは天智天皇の娘、阿閇皇女、つまり元明天皇でしたから、血の濃密性という点で、他の追随を許さない条件を備えていたことが、これでわかります。

その血の特殊性、血の濃密性ゆえに文武天皇は、他の天皇とは区別される特別な天皇と意識されていたのであり、文武天皇を起点（始祖）とするような皇統意識が、これによって発生してくるというか、生じてくることになったと考えられます。

たとえば、『続日本紀』の文武三年（六九九）十月甲午条（史料2）によりますと、文武天皇は、即位二年目に何をやったかというと、「越智・山科の二の山陵を営造せむと欲る」とあります。越智の山陵、山科の山陵の造営を文武天皇は命じているのです。

越智山陵とは誰の墓かといえば、皇極（斉明）天皇ですね。天智天皇、天武天皇の母である、皇極（斉明）天皇の墓です。山科山陵、これは天智天皇陵ですね。つまり、文武天皇が斉明陵と天智陵を、即位二年後にわざわざつくらせていると。かなり大掛かりな工事を起こしているというのはやはり、文武天皇の存在といいますか、天皇としての権威や正統性を保証するのが天智天皇であり、さらには斉明天皇であるという、そのような意識があったことを、これははっきり示していると言っていいと思うのです。

それからさらに史料3を見ていただきますと、文武天皇が二十五歳で亡くなって、次のような諡《おくりな》が奉られるのですね。それが「倭根子豊祖父天皇」。この諡がすぐ改められまして、「天之真宗豊祖父天皇」に変わります。おそらく七二〇年（養老四）までの間に倭根子から天之真宗に変わったということが言えると思います。それはちょうど、聖武天皇が即位する前夜つまり聖武天皇が皇太子だった時期に相当します。

この「天之真宗」の「宗」は一族の始祖、一族の始まり、一族のもとという意味があります。のちに奈良時代の終わりに即位した光仁天皇という人がいます。この人は天智天皇の孫ですが、その息子である桓武天皇によって皇統の起点（始祖）として仰がれるようになります。その光仁天皇の諡が「天宗高紹天皇」。

私が言いたいのは、天皇の諡（諡号）を見ると、その天皇の位置づけ、その天皇がどのように認識されていたかがよくわかると思うのですが、この諡に「宗」文字を含む天皇は、歴代天皇のなかでも特別な天皇、皇統の始まりに位置する天皇と認識されていたということが言えるのではないかということです。

ということで、あまり聞き慣れない、耳慣れない話かもしれませんが、文武天皇というのはすごい天皇だったということを、今日は声を大にして言いたいのです。十五歳で即位して、二十五歳で死んでしまったから、マイナーな、存在感の乏しい天皇と言われてきたけれども、実際は違うのだと。皇統の起点（始祖）なんだと。聖武天皇は、その父である文武天皇の正式な後継者として選ばれた天皇と見なされていたと思われます。

もちろん聖武天皇は、父が亡くなったときには、まだ数え年でわずか七歳なんですよね。聖武天皇は七〇一年生まれですから、お父さんの文武天皇が亡くなったときには、まだ数えでも七歳です。満年齢ではまだ六歳だったわけで、しかし聖武天皇は、わずか七歳の身ながら、亡くなった父、文武天皇によって、その真の後継者というように、幼いうちから定められていたんですね。

だから元明天皇（聖武天皇の祖母）、それから元正天皇（聖武天皇の伯母）、さらに藤原不比等（聖武天皇の外祖父）といった人々はすべて、「文武直系」である聖武天皇を大事に大事に育てよう、帝王として自立させようというので、みんないろいろ努力したといいますか、心を砕いた人々であるということが言えると思うのです。

繰り返しますと、聖武天皇はあくまでも「文武直系」なのです。当時の認識では。あるいは聖武天皇自身の意識、認識においては「文武直系」であって、従来言われているような天武直系とは認識していないのだということであります。

この「文武直系皇統」というのは、藤原氏出身の女子、女性をパートナーにして再生産されるという仕組みになっていたのですね。これも文武天皇がそうせよと定めていったというか、言い置いていったことと考えられます。また具体的にいうと、系図をご覧いただきましょう。

文武天皇は、藤原不比等の娘、宮子とのあいだに聖武天皇をもうけた。聖武天皇は、「文武直系皇統」というものを維持発展させていくにあたり、どのような婚姻政策をとったかというと、聖武天皇の母、つまり文武天皇の夫人であった宮子と同じ藤原氏の出身である光明子を自分のパートナーにして、聖武天皇と藤原氏出身の光明子とのあいだに生まれた皇子を「文武直系皇統」の後継者にするのが、もともとの路線というか、方針になったわけですね。

しかし、結局はそれがうまくいかなかったというか、実現不可能になったから、聖武天皇と光明子のあいだに生まれた娘である孝謙（称徳）天皇が即位することになるわけですね。藤原氏を「文武直系皇統」再生産のパートナーに選んだのが文武天皇であることは、いくら強調しても強調のし過ぎにはならないのでないかと、私は思っています。

ということで、ここまでは、聖武天皇が「文武直系皇統」の担い手というか、後継者であり、「文武直系皇統」をさらに発展させていくという使命を帯びていたということをお話ししたわけです。

聖武天皇の皇統再建計画

次に、聖武天皇の皇統再建計画ということについてお話ししたいと思います。いよいよ話は東国行幸とのかかわりが深い部分に進んでまいりますけれども、注目したいのは七三八年です。これは東国行幸のわずか二年前であります。この年の正月に、阿倍内親王が立太子しているのです。これは初の女性皇太子で、あとにも先にも女性皇太子はいないのでありますが、これはたいへん重要なことがらであると私は思うのです。東国行幸の二年前に、阿倍内親王、つまり聖武天皇と光明子のあいだの娘が皇太子になっている。つまり、いずれ近い将来における即位が、これによって確定したということがあるわけで、これは非常に無視できないというか、軽視できない大事なことだと思うのです。つまりそれは、聖武天皇と光明子のあいだに、もはや男子誕生は望めないことがはっきりしたから、このような措置がとられたということですね。

聖武天皇と藤原光明子は同い年の夫婦です。七〇一年生まれです。ですから光明子はこのとき数え年で三十八歳。現在ならば、四十歳近くても出産する女性は多いですけれども、先ほども文武天皇の年齢のところで申しあげましたが、当時の三十八歳というのは、精神的にも肉体的にもいまの三十八歳ではない。それにプラス五歳から十歳ぐらいの上乗せをしなければいけないわけでありますから、おそらく七三八年時点で光明子は、もはや出産は無理だという現実を突き付けられたということになると思うのです。

だから、本来ならば聖武天皇と光明子のあいだの男子が皇太子を経て即位することが望ましいのだけれども、それは無理であるから娘の阿倍内親王というように、まず彼女が皇太子に立てられて即位することが、これによって予定されることになったというわけです。

問題なのは、そのあとどうするかです。孝謙天皇（阿倍内親王）は独身でした。聖武天皇と光明子のあいだにいずれ生まれるであろう皇太子をガードするという目的のために、孝謙天皇はあえて結婚させてもらえなかったのですね。

「不婚」の女帝です。普通に言えば「独身」ですが、意図的に独身にさせられたという意味を込めまして「不婚」という言葉を使いたいと思います。彼女が「不婚」にさせられたのは、「文武直系皇統」を継承する男子、つまり彼女の同母弟が生まれることを期して、また生まれたときには彼をガードするために、あえて孝謙天皇は婿をとらないというか、配偶者を持たないということにさせられていたのですね。

このように孝謙天皇は「不婚」の身でありましたから、聖武天皇の次に孝謙天皇が即位するとしても、その次を誰にするのかという問題が早くも生じるわけです。そこまで考えなければ孝謙天皇を皇太子にすることすらできない相談ですよね。

聖武天皇はこれについてどのように考えていたのかということですが、七三八年に孝謙天皇が立太子しています。その二年後の七四〇年に東国行幸ですね。だから東国行幸の前後に聖武天皇は皇位継承の将来をどのように考えていたのかということを明らかにする必要があると思うのです。そうすると、今回のテーマである東国行幸の意義というか、目的とするところも、おのずと明らかになってくるのでないかと思うのです。

結論だけを申しあげさせていただきますと、聖武天皇はこのように考えていたのですね。系図をご覧いただくと話がしやすいのですが、聖武天皇には孝謙天皇以外にも娘がいたのです。母親は県犬養広刀自という女性でしたが、ひとりは井上内親王、もうひとりは不破内親王といいます。

その不破内親王と塩焼王を結婚させたのです。これは政略結婚以外の何ものでもない。明らかに政治的に意図された結婚でありまして、この塩焼王というのは、お父さんが天武天皇の息子で、新田部親王です。つまり新田部親王の息子である塩焼王と不破内親王を結婚させて、そのあいだに生まれた男子を将来の天皇候補に擬そうとしたのであります。

おそらく聖武天皇は七四〇年前後、つまり東国行幸前後に、次のような皇位継承の未来を考えていたと言えます。それは、聖武天皇の次は孝謙天皇、その次は塩焼王、その次は塩焼王と不破内親王のあいだに生まれた皇子ということだと思われます。

塩焼王と不破内親王のあいだには「氷上志計志麻呂」という男子が産まれております。その弟が「氷上川継」といいますが、彼らはふたりとも、やがて皇位継承にからむ紛争に巻き込まれ、あるいはその当事者になって滅びます。そういう非業の最期を兄弟ともに遂げるわけですが、そういう男子が、この夫婦のあいだには生まれているのです。

この氷上志計志麻呂や川継のような皇子たちは、女系を通じて聖武天皇の血筋、すなわち「文武直系皇統」というものを受け継ぐ存在です。さらに、父・塩焼王が天皇になることに予定されているので、現在いろいろ問題になっている女系の天皇ではなく、男系の天皇という条件もクリアしますね。

たいへん現代的なというか、生臭い話になるかもしれませんけれども、いま政府の「皇室典範」に関する有識者会議によって、将来の皇位継承をどうするかというので、男系の天皇を従来どおり維持するか、それとも方針を改めて女系の天皇の道を開くかという、その二者択一の方針が示されましたね。

現代に至るまで一貫して、男系の天皇が擁立され、女系の天皇はあえて回避されてきたわけです。なぜ女系の天皇はだめで、男系の天皇ならいいのかというのは、いろいろ意見や議論がありますので、簡単には答えが出せないのですが、一説によれば、初代天皇、つまり神武天皇の遺伝子、Y染色体というのを引き継いでいくためには女系ではだめだという説がありますね。

ともかく我が国の皇位継承の歴史を見ますと、いままで女系の天皇はひとりも出ていないのです。だからこの場合、塩焼王を即位させれば、次代の天皇というのは間違いなく男系の天皇になりますから、問題はないわけです。聖武天皇、孝謙天皇、塩焼王、その次は塩焼王と不破内親王夫婦の息子という皇位継承予定が、東国行幸の前後では現実的なものになっていたと考えてよいと思います。

そうしますと興味深いのは、そのような皇位継承の未来図が描かれているときに、なぜ聖武天皇は、ことさらに天武天皇や壬申の乱を皆に思い起こさせるようなルートを通ったのかということです。

考えられますのは、将来天皇になることが予定されている塩焼王は、新田部親王の子どもですね。聖武天皇は、天武天皇の息子の名前を出して言えば、草壁皇子の系統です。つまり、「聖武―孝謙の系統（言わば草壁系）と新田部系との連帯・融和」を強く図る必要があった時期に、まさに東国行幸がおこなわれたということですね。これは、たいへん重要なことがらではないかと思います。

そのように考えますと、問題の天武天皇は、草壁系・新田部系双方にとって共通の祖に当たるわけですから、聖武天皇が東国行幸によって、天武天皇やその王権を生み出した壬申の乱をことさら印象づけようとしたのは、やはり「草壁系と新田部系の連帯と融和」を強化し、「文武直系皇統」の再建をはかるという意思をはっきり示そうとしたためだったということになるでしょう。これ以前、天武天皇は直系皇統の始祖とは見なされていなかったのですが、「文武直系皇統」の再建を企てる段になって、「草壁系と新田部系の連帯・融和」の言わばシンボルとして登場することになったわけです。

そのように、私は東国行幸の背景には、そういう皇位継承問題、新田部系と連携した「文武直系皇統」の再建計画があったということを、これははっきり指摘することができるのでないかと思うわけであります。

そうしますと、たいへん興味深い事実があるのでありまして、それは何かというと、『続日本紀』の天平十二年十月の丙子条（史料7）でありますけれども、聖武天皇が東国行幸に出発するにあたりまして、行幸を管理統括する役人を命じたことを述べたくだりです。「次第司」というのは、天皇の行幸を統括する臨時の官であります。

「次第司を任ず。従四位上塩焼王を御前長官とす。従四位下石川王を御後長官」。「石川王」というのは、いまひとつ系譜関係がよくわからないのですが、あの人の子どもであるという可能性が大きいのです。

誰かというと、長屋王ですね。天武天皇の息子である高市皇子の後継者です。天武天皇――高市皇子――長屋王と続く家系の人物でありまして、ご存じのように、長屋王は七二九年に謀反の容疑を受けて自殺させられました。いわゆる「長屋王の変」です。

その長屋王の遺児である石川王が塩焼王とペアになって、行幸次第司になっている。いってみれば、聖武天皇の乗っている御輿の前を行く人々を統括するのが御前長官で塩焼王、後ろのほうを行く人々を取り仕切っているのが石川王ということになります。

ついでに見ておくと、御前長官によって統括される人々の前には騎兵隊がいる。その前を行く騎兵隊を統括しているのが「正五位下藤原朝臣仲麻呂」です。彼が「前騎兵大将軍」。後ろのほうを守っている騎兵の長、将軍が「正五位下紀朝臣麻路」であります。

ということで、東国行幸の際に聖武天皇の御輿の前を守っていたのが、御前長官の塩焼王。言ってみれば、聖武天皇の露払いといった位置、たいへん名誉ある位置、役割に塩焼王は抜擢されていたわけです。

これで思い起こされるのは、壬申の乱のときに、天武天皇は長男である高市皇子（長屋王の父）を露払いというわけではありませんが、彼を先発させて、もろもろのことを取り仕切らせたということがあります。

東国行幸が壬申の乱の「追体験」であって、聖武天皇自身が自らを天武天皇になぞらえていたといたしますと、塩焼王は高市皇子ということになるのでないでしょうか。そのような意識を聖武天皇が持っていたとしてもおかしくない。聖武天皇が、「私は、あの偉大な天武だ。その前を行く娘婿である塩焼王は、壬申の乱で大勝利をもたらした、あの高市皇子」と思い込んでいたということが、まったくありえなかったとは言えないと思うんですね。

ということで、七四〇年の段階の皇位継承の予定図のなかに、塩焼王は重要なポジションを占めていたということは間違いなく言えると思うのです。ところが、これはご存じの方も多いと思いますけれども、塩焼王がその後たどった運命は、当初予定されていたものとは、まったく異なるものになっていってしまうんですね。

まず『続日本紀』天平十四年（七四二）十日癸未条（史料9）を見ますと、「従四位下塩焼王、并せて女孺四人を禁めて、平城獄に下す」とある。「女孺」は若い女官のことですね。塩焼王は、こともあろうに女官四人と何らかの犯罪、あるいはスキャンダルを起こしまして、結局、平城京の獄につながれてしまうというか、処罰されてしまうという事件を起こしてしまうのですね。

さらに同じ年の十月戊子条（史料10）に、「塩焼王を伊豆国三嶋に配流す」と記されています。結局、この罪、あるいはスキャンダルによって、塩焼王は伊豆の三嶋に追放になってしまう。これだけのことをしたのですから、彼が皇位継承の資格を失ったことは間違いない。現に聖武天皇は、晩年に至るまで、その死の直前に至るまで、あの娘婿は断じて許さないというようなことを繰り返し言った形跡があります。

つまり七四二年、「彷徨五年」の二年目で、聖武天皇の描いた皇位継承の未来図はあえなく破綻してしまったのです。「文武直系皇統」の再建を目指した予定図、未来図は、もろくも崩壊してしまったわけで、塩焼王はとんでもない事件を起こしてしまったと言わざるをえない。

ところが、七四五年（天平十七）四月、塩焼王が配流を解かれて帰京しています。翌年閏九月に彼は、従四位下という本位に復帰しているのです。つまり返り咲いた。官僚として。ところが皇位継承権は、おそらく失われたままだったと思うんですね。のちに聖武天皇は遺言という形で、この塩焼王ではなく、その弟の道祖王を孝謙天皇の次の天皇に指名します。

奇しくも、この七四五年（天平十七）に、聖武天皇は「彷徨五年」にピリオドを打ちまして、平城京に帰ってくるわけです。そういうことになりまして、塩焼王は偶然にも七四五年、「彷徨五年」の終わった年に都へまた舞い戻ってきているということが明らかであります。

私が強く申しあげたいのは、七四二年、いわゆる「彷徨五年」が始まってまだ二年目の段階で、聖武天皇による「文武直系皇統」再建計画、再建構想は暗礁に乗り上げていたと。もっと端的に言えば、孝謙天皇の次の天皇を誰にするかというのがわからない、見えない、決まらないという状況になったわけですね。だから、いわゆる「彷徨五年」のうちの七四二年からあとは、そのような皇位継承の未来がはっきりしない、つかめないという状況下にあったということは、盧舎那仏の造立の推進の細かい部分を見直す上で、私は重要なものがあるのではないかと思うのです。

私はたいへん面白いと思っているのですけれども、『続日本紀』天平宝字元年（七五七）七月庚戌条（史料12）ですが、これは有名な「橘奈良麻呂の変」に関する記事の一節です。これによりますと七四五年九月の段階で、クーデターの首謀者、橘奈良麻呂が、佐伯全成という人を自分の一味に誘い込もうとして、こんなことを言っているんですね。

「陛下、枕席安からず」。この「陛下」は聖武天皇です。聖武天皇はこの年、難波宮で重体になって、もう本当に危ないところまでいってしまうのですね。そのときの話ですが、「殆と大漸に至らむとす。然も猶、皇嗣立つること無し。恐るらくは、変有らむか」。この「皇嗣」というのは、天皇になる予定者、通常は皇太子のことです。

一説には、このときには皇太子として、のちの孝謙天皇がいましたから、奈良麻呂が「皇嗣立つること無し」と言ったのは、孝謙天皇を皇太子として認めていない、異例の女性皇太子である彼女を将来の天皇として認めていないという意味だと、従来は言われていますけれども、それははっきりいって間違いです。この「皇嗣」というのは、当時はまだ皇太子だった孝謙天皇の次の天皇のことです。それが決まっていない。つまり塩焼王が失脚して、孝謙天皇の次が決まっていないということを、奈良麻呂は言っているのだと、これはそのように理解すべきであります。

今日はいろいろとお話をさせていただいたのですけれども、東国行幸が、私が考えたように「文武直系皇統」再建という政治的意図を持ったものであったと考えますと、その東国行幸のあとに続いておこなわれた盧舎那仏の造立と「文武直系皇統」の再建も、極めて深いかかわりがあると考えることができると思うのです。

私のひとつの仮説というか、ひとつの問題提起としましては、盧舎那仏は、この「文武直系皇統」や、それを軸とした皇位継承の安泰のための守護神としてつくられようとしたと考えられるのではないか。そういうことを、今日は申しあげたかったわけです。
ともかく東国行幸の背景にある皇位継承問題ということに関しては、今日お話ししたように考えれば、残された史料の総合的な解釈からいうと一番よいのではないかということを、今日はお話しさせていただきました。私の話は以上です。どうもありがとうございました。

【史料1】『続日本紀』慶雲四年(七〇七)七月壬子条

……関くも威き藤原宮に御宇しし倭根子天皇、丁酉の八月に、此の食国天下の業を、日並所知皇太子の嫡子、今御宇しつる天皇に授け賜ひて、並び坐して此の天下を治め賜ひ諧へ賜ひき。是は関くも威き近江大津宮に御宇しし大倭根子天皇の、天地と共に長く日月と共に遠く改るましじき常の典と立て賜ひ敷き賜へる法を、受け賜り坐して行ひ賜ふ事と衆受け賜りて、恐み仕へ奉りつらくと詔りたまふ命を衆聞きたまへと宣る。……

【史料2】『続日本紀』文武三年(六九九)十月甲午条

詔したまはく、「天下の罪有る者を赦す。但し十悪・強窃の二盗は、赦の限に在らず」とのたまふ。越智・山科の二の山陵を営造せむと欲るが為なり。

【史料3】『続日本紀』慶雲四年（七〇七）十一月丙午条

従四位上当麻真人智徳、誄人を率ゐて誄奉る。謚したてまつりて倭根子豊祖父天皇と曰す。即日、飛鳥の岡に火葬す。

【史料4】『続日本紀』神亀元年（七二四）二月甲午条

……大八嶋国知らしめす倭根子天皇の大命に坐せ詔りたまはく、「此の食国天下は、掛けまくも畏き藤原宮に、天下知らしめしし、みましの父と坐す天皇の、みましに賜ひし天下の業」……「かく賜へる時に、みまし親王の齢の弱きに、荷重きは堪へじかと、念し坐して、皇祖母と坐し、し、掛けまくも畏き我皇天皇に授け奉りき。此に依りて是の平城大宮に現御神と坐して、大八嶋国知らしめして、霊亀元年に、此の天日嗣高御座の業食国天下の政を、朕に授け賜ひ譲り賜ひて、教へ賜ひ詔り賜ひつらく、『掛けまくも畏き淡海大津宮に御宇しし倭根子天皇の、万世に改るまじじき常の典と、立て賜ひ敷き賜へる法の随に、後遂には我子に、さだかにむくさかに、過つ事無く授け賜へ』と、負せ賜ひ詔り賜ひしに……

【史料5】『続日本紀』天平元年（七二九）八月壬午条

……皇朕高御座に坐し初めしゆり今年に至るまで六年に成りぬ。此の間に、天つ位に嗣ぎ坐すべき次と為て皇太子侍りつ。是に由りて其の母と在らす藤原夫人を皇后と定め賜ふ。……

【史料6】『続日本紀』天平宝字六年（七六二）六月庚戌条

……朕が御祖太皇后の御命以て朕に告りたまひしに、岡宮に御宇しし天皇の日継は、かくて絶えなむとす。女子の継には在れども嗣がしめむと宣りたまひて、此の政行ひ給ひき。……

【史料7】『続日本紀』天平十二年（七四〇）十月丙子条

次第司を任ず。従四位上塩焼王を御前長官とす。従四位下石川王を御後長官。正五位下藤原朝臣仲麻呂を前騎兵大将軍。正五位下紀麻臣麻路を後騎兵大将軍。騎兵の東西史部・秦忌寸ら惣て四百人を徴り発す。

【史料8】『続日本紀』天平十二年（七四〇）十二月乙丑条

志賀山寺に幸して仏を礼みたまふ。

【史料9】『続日本紀』天平十四年（七四二）十月癸未条

従四位下塩焼王、并せて女孺四人を禁めて、平城獄に下す。

【史料10】『続日本紀』天平十四年（七四二）十月戊子条

塩焼王を伊豆国三嶋に配流す。子部宿路襴小宅女を上総国。下村主白女を常陸国。川辺朝臣東女を佐渡国。名草直高根女を隠伎国。春日朝臣家継女を土佐国。

【史料11】『続日本紀』天平宝字元年（七五七）四月辛巳条

天皇、群臣を召して問ひて曰はく、「誰の王を立てて皇嗣とすべけむ」とのたまふ。右大臣藤原朝臣豊成、中務卿藤原朝臣永手ら言して曰はく、「道祖王の兄、塩焼王と立つべし」といふ。……勅して曰はく、「……塩焼王は太上天皇責めたまふに無礼を以てせり。……」とのたまふ。

【史料12】『続日本紀』天平宝字元年（七五七）七月庚戌条

また、陸奥国に勅して、守佐伯全成を勘問せしむ。款して曰はく、「去ぬる天平十七年、先帝陛下、難波に行幸したまひしとき、寝膳、宜しきに乖けり。時に奈良麻呂、全成に謂りて曰はく、『陛下、枕席安からず、殆と大漸に至らむとす。然も猶、皇嗣立つること無し。恐るらくは、変有らむか。……』といへり。……」といふ。

事例報告1

禾津頓宮《あわづのとんぐう》とそのあとさき

―大津市膳所《ぜぜ》城下町遺跡の調査―

財団法人滋賀県文化財保護協会

大崎哲人

恭仁宮への道 ―東国行幸・禾津頓宮の発見―

私からの事例報告といたしましては、平成十四年度に発掘調査を行い、聖武天皇の東国行幸において近江国志賀郡の禾津に天皇が宿泊した仮宮「禾津頓宮」の中心建物ではないかと考えられる大型掘立柱建物が見つかりました、大津市膳所城下町遺跡の発掘調査についてお話をさせていただきたいと思います。

内容としましては、「禾津頓宮とそのあとさき」ということで、前段では禾津頓宮と考えられる大型掘立柱建物についてのお話をさせていただき、そのあとで、その造営前後の様相について、発掘調査で明らかになってきたことに関してのお話をさせていただきます。

膳所城下町遺跡は滋賀県大津市膳所二丁目、滋賀県立膳所高等学校を中心とした範囲にある遺跡であります。その場所は、琵琶湖の南湖の南端で、湖がその幅を狭めて、その姿を瀬田川という河川へと変えていく地点の琵琶湖の西岸で、ちょうど地形上の変換点にあたり、交通の要衝ともいえる位置に遺跡は立地しているということができるかと思います。遺跡の現状は主に県立膳所高等学校の敷地となっていますが、ここは相模川という琵琶湖に流れ込んでいく小河川が形成した扇状地のちょうど真ん中あたりで、現在は住宅地がかなり立て込んでいて眺めはそれほど良くはないのですが、もともとは周囲を見渡すことができる、小高い微高地上に遺跡は立地しているということがいえます。

膳所城下町遺跡から約五〇〇メートル東の琵琶湖岸には、江戸時代初頭に築かれた膳所城の本丸があり、調査をおこなった膳所高等学校の周辺は、膳所城の城下町を描いた絵図（「膳所総絵図」一七〇二年 大津市指定文化財）によりますと侍屋敷が建ち並んでいた一角にあたります。そしてこの場所は、幕末になりますと膳所藩の学問所である藩校「遵義堂《じゅんぎどう》」が置かれることになりまして、県立膳所高等学校の敷地は、その藩校の敷地をほぼ踏襲して今日に至っているということになります。

平成十四年度に実施しました発掘調査は、高校の校舎の新築工事に先立って行ったもので、そ

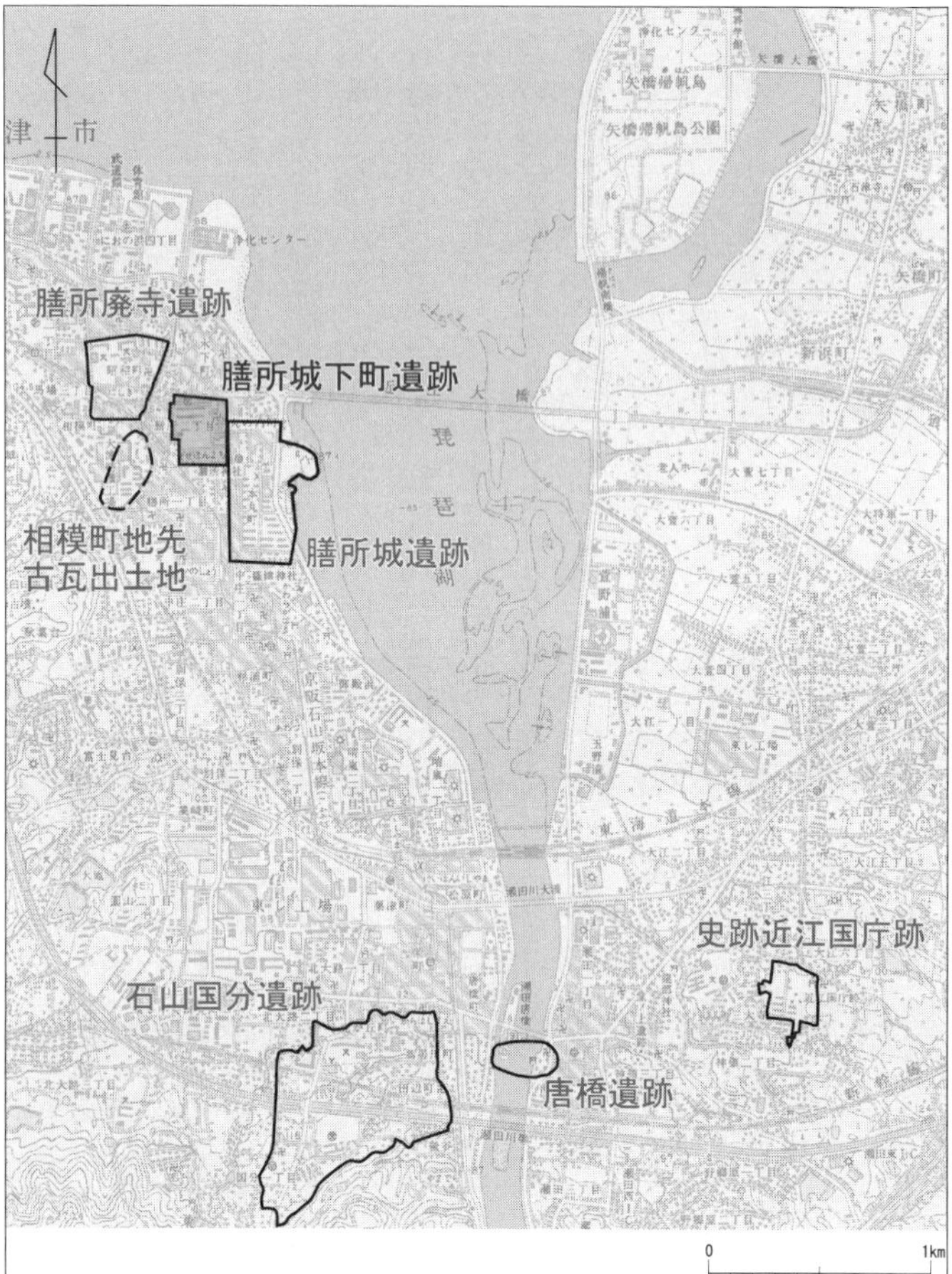

図１　膳所城下町遺跡と周辺の関連遺跡位置図

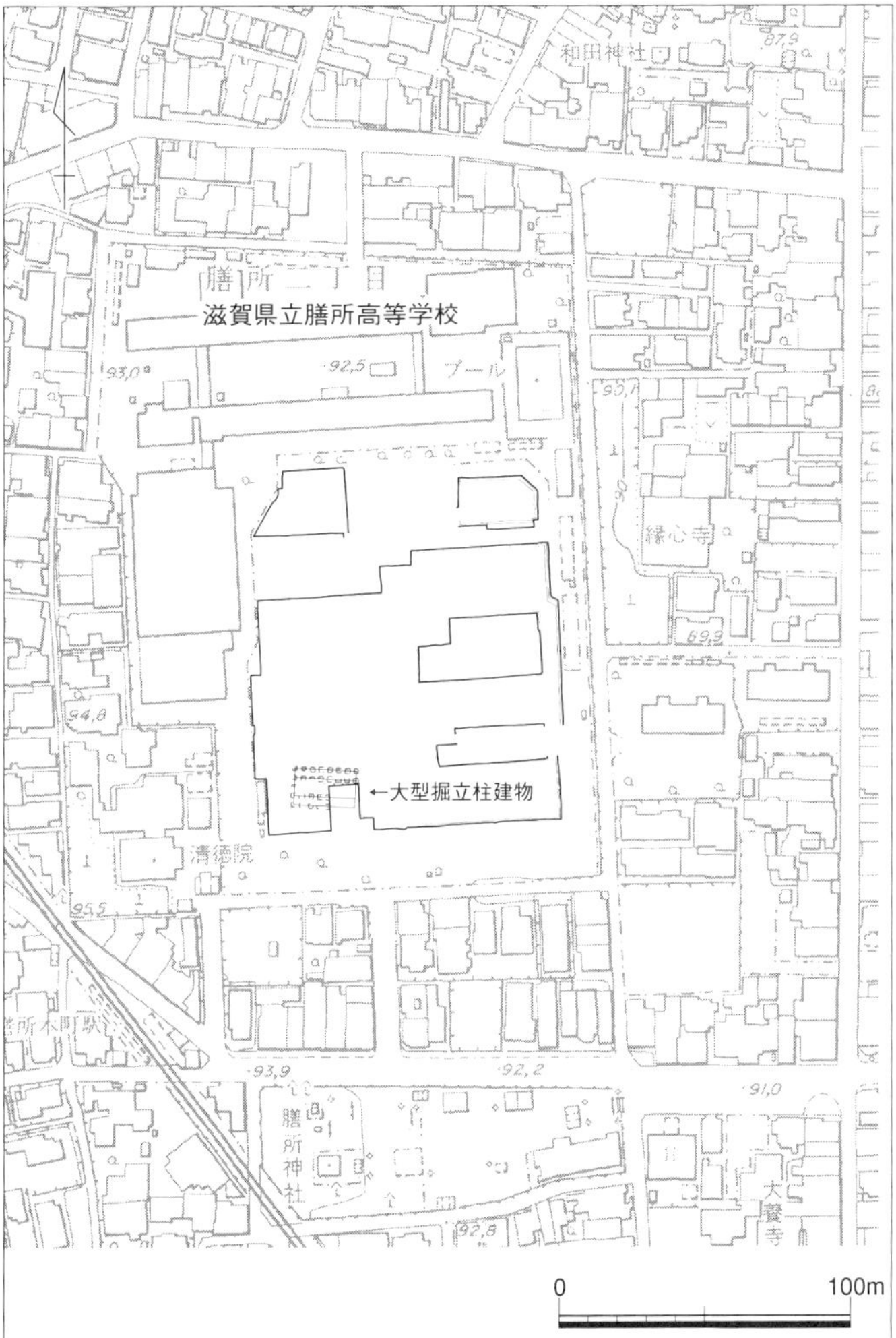

図２　膳所城下町遺跡の調査区と大型掘立柱建物の位置

写真１　大型掘立柱建物（滋賀県教育委員会提供）

れまでグラウンドとしていたところを校舎にするという建築計画地を対象に、グラウンドのほぼ全域にわたって実施しました。そして、聖武天皇の東国行幸の際の禾津頓宮跡の建物ではないかと考えております大型掘立柱建物というのは、ちょうど調査区の南西部において見つかっております。

この大型掘立柱建物は、東西が約二〇・八メートル、南北が一一・九メートル、床面積が二四七・五平米ほどの突出した規模の建物でありまして、柱穴も一辺が約一・六メートル四方で直系約四〇センチの立派な柱を使っています。

見つかりました柱穴の配置からわかるこの建物の構造は、東西七間、南北四間の二面廂《ひさし》建物構造という、内部の空間を広くつくるような構造で、宮殿や役所の中心建物などに採用される格式の高いものでありました。そして、この建

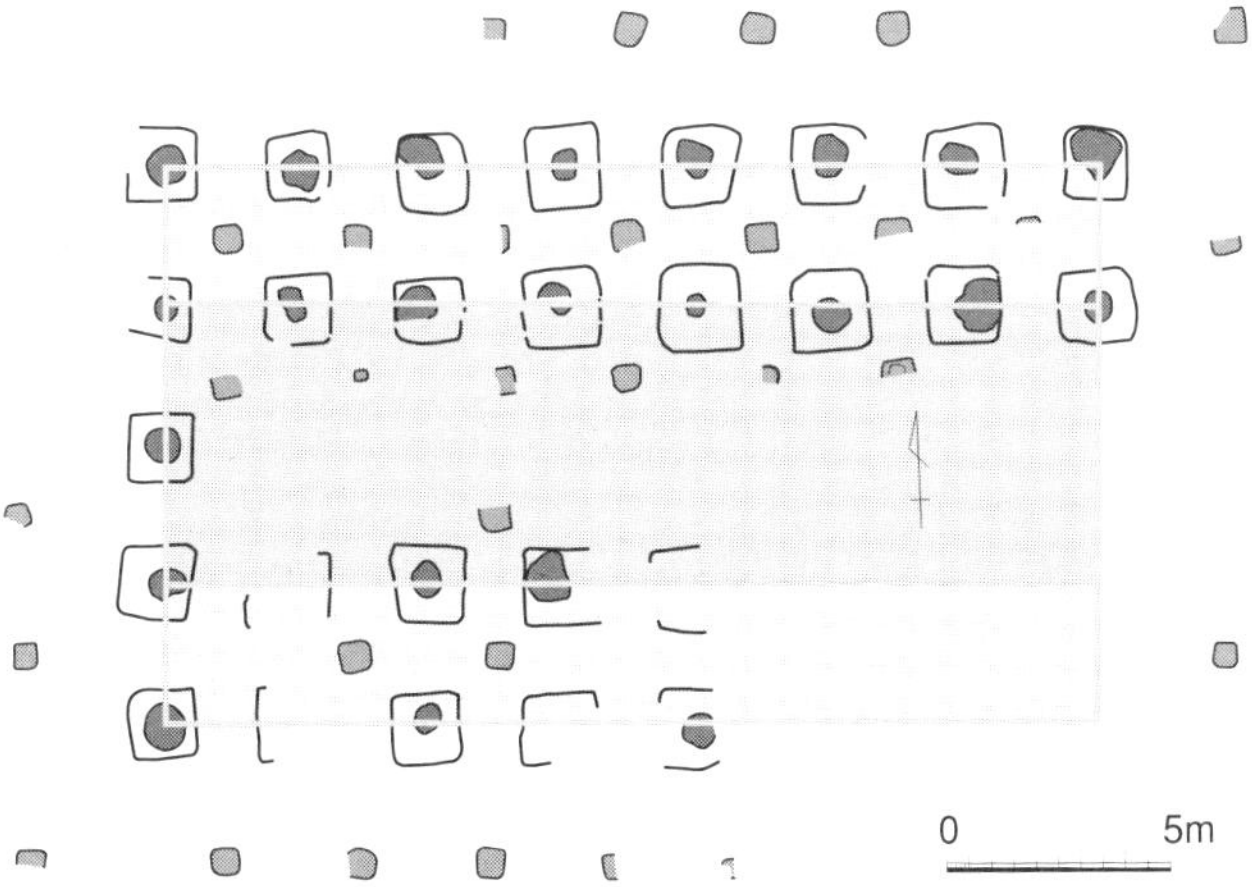

図3　膳所城下町遺跡大型掘立柱建物平面図

物の年代ですが、飛鳥時代の竪穴建物や奈良時代後半の掘立柱建物との重複関係や、わずかながらに出土した遺物の検討などから、おおむね八世紀の前半、かなり絞り込んで申しあげるならば、八世紀の第2四半期頃の建物ではないかというふうに考えられるものであります。

先ほど格式の高い建物構造として「二面廂建物」と申しあげましたが、図4が二面廂建物の内部のイメージ図です。中央に身舎《もや》と呼ばれる建物の中核部分がありまして、その前後、膳所城下町遺跡で見つかった建物ですと身舎の北側と南側に廂《ひさし》と呼ばれる拡張区を設けていて、建物内部の空間を広くする格式の高い二面廂建物構造というのは、だいたいこういったものと考えられております。

図3は大型掘立柱建物の平面図ですが、この建物では、建物本体の柱跡に加えまして、建物の外周りと建物内部に、この建物を建てるときに組ん

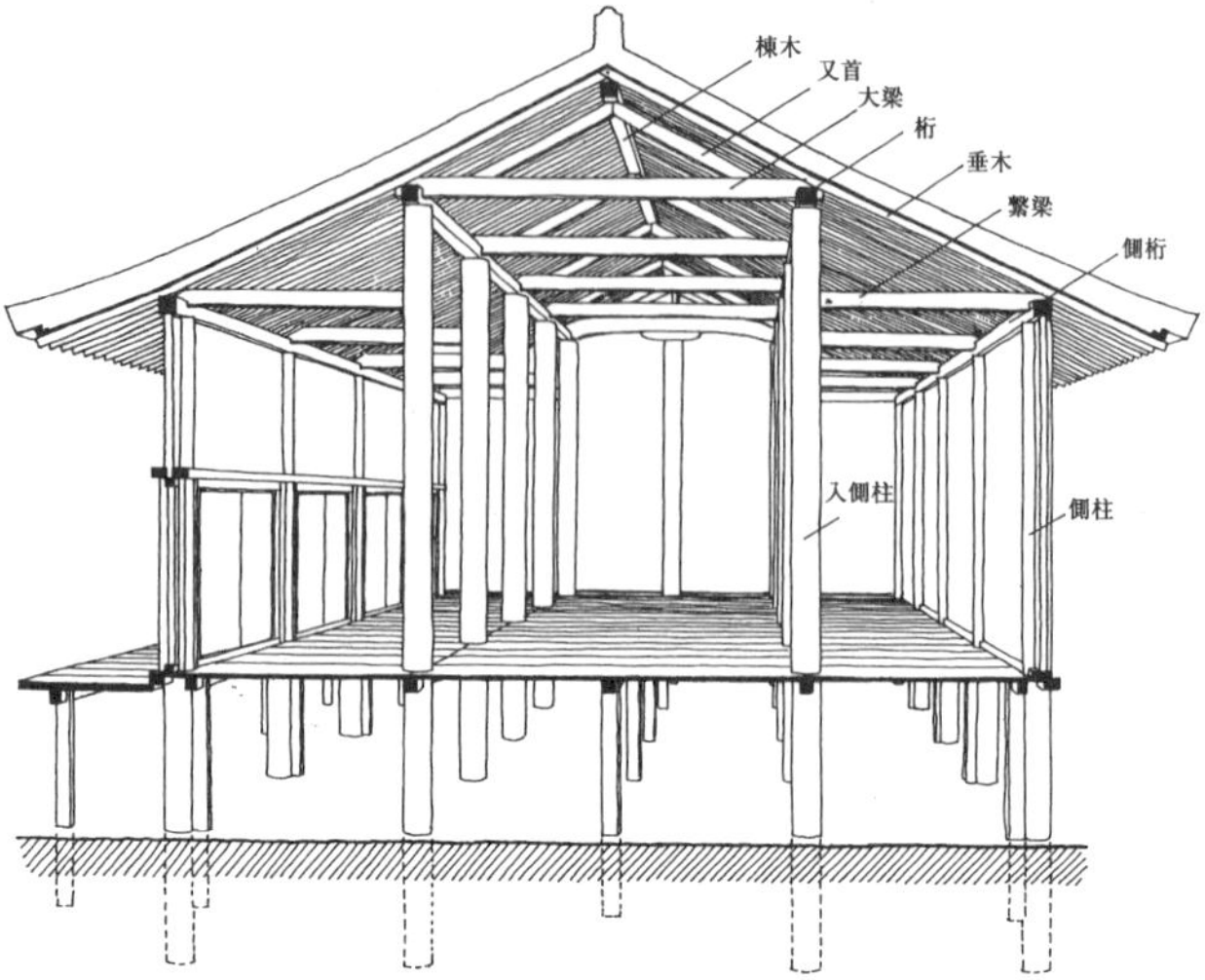

図４　掘立柱二面廂建物モデル断面透視図
（『古代の官衙遺跡Ⅰ遺構編』奈良文化財研究所2003より転載）

だ作業足場の痕跡と思われる柱穴が見つかっております。一辺が六十から七十センチほどのほぼ方形の形をしておりまして、建物の本体の柱と同じように規則正しく並んでいる状況がわかるかと思います。そして、これからいったい何がわかるかということなのですが、この建物の外周りの作業足場が据えられている位置から、この建物の軒先の位置がどのあたりにあったのかを推定することができます。この建物の場合は、ちょうど建物を建てる際の作業足場の位置が、建物本体の外壁から約三メートル外側の位置にあります。そのことから、建物の軒先はその少し建物寄りにあったものと推測することができ、この建物の軒構造は、「二軒《ふたのき》」と称される構造で、軒の広がりが二・四

写真2　大型掘立柱建物柱穴断面（滋賀県教育委員会提供）

メートルほどもある、雄大で格式の高いものであったと考えることができるようです。

このように、見つかりました大型掘立柱建物は、非常に突出した規模を持っている。そして二面廂建物構造という格式の高い建物構造を持っている。そして、建物上部の構造というのは、なかなか発掘調査ではわかってこないわけなのですが、今回の調査では建築足場の柱跡が出てきたことから、屋根の構造も推測することができまして、それによりますと「二軒」と称されるような、これもまた格式の高い構造をしていたということもわかってきたわけであります。

写真2はこの大型掘立柱建物の柱の断面写真であります。柱を据えるために掘られた柱穴のラインと、中央の黒っぽい部分にあたるのですが、柱が据えられていた痕跡をこの断面に見ることができます。

この断面部分の調査によって、柱穴の深さが約一・一メートル以上という深いものであったことを確認し、そして、柱の周りを版築《ばんちく》という技法で土を少しずつ突き固めていって柱をしっかりと固定していることや、柱は建築されてからあまり時間がたたないうちに、柱周りの埋め土をあまり痛めることなく、垂直方向に手際よく抜き取られ、抜き取った後はすぐに埋め戻された可能性があることも観察することができました。

以上のように、膳所城下町遺跡で見つかった大型掘立柱建物は、格式の高い宮殿クラスの規模と構造を持ち、建築後の短期間のうちにその役目を終えて手際よく解体撤去された可能性があるものと言え、年代的には八世紀の第2四半期頃の非恒常的な施設であったということが、調査成果から導き出せた考古学的な成果であります。

そこで、こういった特質を持つこの建物の位置付けを文献資料の中に求めたとき、現時点でもっとも妥当性があると考えておりますのが、この建物が『続日本紀』の天平十二年十二月条に出てきております、聖武天皇が東国行幸において近江の志賀郡で三日間宿泊したとされる仮宮である禾津頓宮ではないかという考え方であります。

禾津頓宮は、聖武天皇の東国行幸において近江の最後の宿泊地で、天皇はここに十二月十一日から十二月十四日までの三泊の行程で滞在しまして、天智天皇勅願の志賀山寺の仏、現在の大津市滋賀里にあります崇福寺《すうふくじ》跡ではないかと考えられている山寺の仏を礼拝し、また滞在中に近江の郡司に位一級を賜与するなどして、次の宿泊地である山背の玉井頓宮へと出発したということが『続日本記』に記載されております。

わずか三泊だけの滞在にもかかわらず、確認できた遺構というのは、平城宮内の官衙正殿や恭仁宮の内裏の中心建物とほぼ同様の格式の高い立派な建物であったということは、東国行幸の計画性や天皇の行幸の実態を示す注目すべき調査成果であったということができます。

そしてこの膳所城下町の大型建物は、古代の仮宮の中心建物の構造を知ることができる数少ない例の一つでありまして、さらには東国行幸の足跡を具体的に示す貴重な遺構であるということもできるものであります。

禾津頓宮造営前夜 —膳所廃寺の造営と壬申の乱—

以上、禾津頓宮と見られる大型掘立柱建物について説明をさせていただきましたが、続きまして、それ以前の膳所城下町遺跡がどういった状況だったのかということについて話をさせていただきます。

発掘調査では、七世紀後半代の竪穴建物を十一棟検出しております。いずれも建物の基底部付近がかろうじて残っているような状況でありましたが、調査範囲のほぼ全域に散在するような分布状態で見つかっておりまして、同じ場所での建物の建て替えや建て直しがされているといったような状況が見られないといった特徴を見ることができます。

これらは、一辺が三から五メートル前後の長方形の平面形で、おおむね十平米の規模を持つものでしたが、中には二十平米を超える規模のものも認められました。床面に焼土や炭の広がりが若干認められるものがありましたが、いずれも作り付けのカマドを備えていない建物でありました。また、これらの建物からの出土遺物は土師器や須恵器などの土器や、鉄鎌、砥石などが出土しておりまして、このなかには、畿内産と思われる精良なつくりの土師器の杯や、僧侶や寺院との関わりをうかがうことができる須恵器の鉢などがあり、その須恵器の鉢の表面には漆がこびりついている状況も確認できております。さらに、出土品の中には一般的な集落の遺跡ではあまり見ることのない、大型の砥石がありまして、何か大型の金属工具の手入れがここで行われたのではないかと思われるような、そういったものも出土しております。

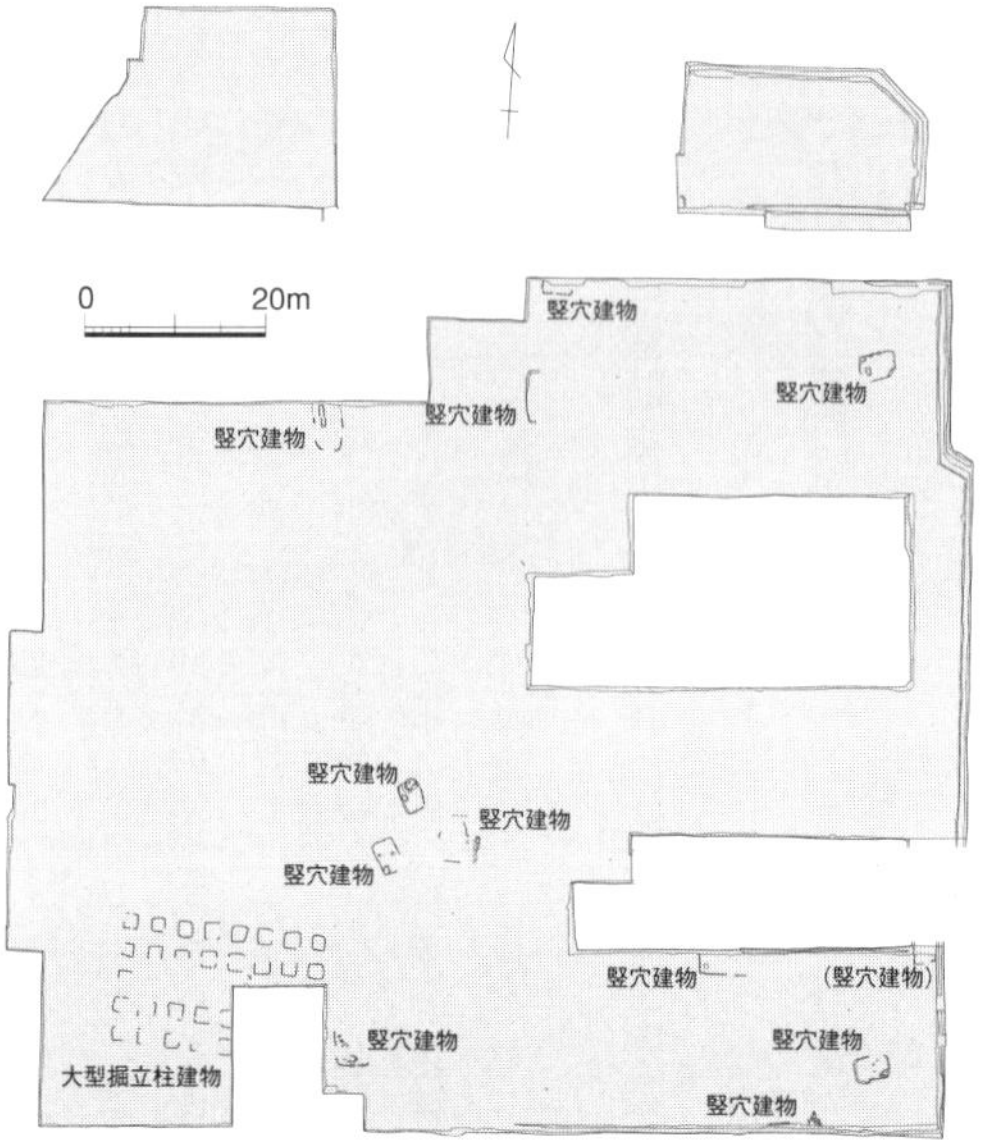

図5　7世紀後半竪穴建物群分布状況

　これらの出土品の時期は、おおむね七世紀の第4四半期頃に中心を置くもので、あまり時期幅が認められないと

写真３　７世紀後半の竪穴建物（滋賀県教育委員会提供）

写真４　膳所城下町遺跡竪穴建物出土の７世紀後半の土器（滋賀県教育委員会蔵）

写真5　膳所廃寺跡出土の瓦（法伝寺蔵）

いった様相でありまして、それはすなわち、見つかった建物群の存続期間を反映したものではないかと考えています。

以上のような出土遺物の特質などを踏まえて、飛鳥時代の建物群の特徴についてまとめておきますと、見つかった建物群は七世紀第4四半期頃に形成された持続性の短い短期的な建物群で、おそらく大和地方から持ち込まれたと見られる精良な土師器や、大型の金属刃物の道具を手入れするような大型の砥石、寺院や僧侶との関わりを示すような漆の付着した須恵器の鉢などが出土していることから、これらは一般的な集落とは少し性格の異なる建物群ではないかと考えることができるかと思います。

では、これらがどういった建物であるのかということですが、おそらく、この遺跡から二五〇メートルほどしか離れていない場所に膳所廃寺という白鳳寺院があるわけですが、その寺院の造営に携わった作業者たちによって形成された作業者宿舎であるとか、あるいは作業工房といったような一時的な建物群ではないかというふうに考えているわけです。

このようなことから、禾津頓宮の造営場所というのは、白鳳寺院である膳所廃寺の南東約二百五十メートルといった寺院に非常に近い位置にあり、そしてその寺院の造営に関わる建物群が形成されていた敷地において禾津頓宮が造営されたのだということができます。

さらに、翻って壬申の乱の激戦地や行軍経路と聖武天皇の東国行幸の経路が重なっているというようなことや、白鳳寺院の分布状況とそれらとの関係を見てみますと、近江における横川・犬上・野洲の頓宮と同様の共通点が禾津頓宮の場合にも見ることができるとされるようでありまして、そのことを踏まえて想像をたくましくするならば、禾津頓宮の立地する膳所城下町遺跡周辺というのが、『日本書紀』に記載されている天武方が軍陣を敷いた「粟津丘の下」や近江軍方の将軍が斬られたとされる「粟津市」といった壬申の乱の故地の候補地のひとつとして考えてよいのではないかと思えるわけです。調査をしながらいろいろ思いを巡らせた憶測のひとつとして、今日ご紹介させていただきました。

禾津頓宮それから ―保良宮・藤原仲麻呂―

続きまして、禾津頓宮の建物が短期間でその役目を終えて解体撤去されたあと、この場所がどうなったのかということについてですが、発掘調査では奈良時代後半の遺構を、調査地のほぼ全域に拡がるような状況で検出しております。

まず大型掘立柱建物に重なる位置と、その北側に二棟の掘立柱建物を見つけております。二棟はほぼ北に建物の向きを揃えて、南北一列に並ぶように配置されていて、出土遺物などから八世紀の第3四半期の建物ではないかと考えられるものです。

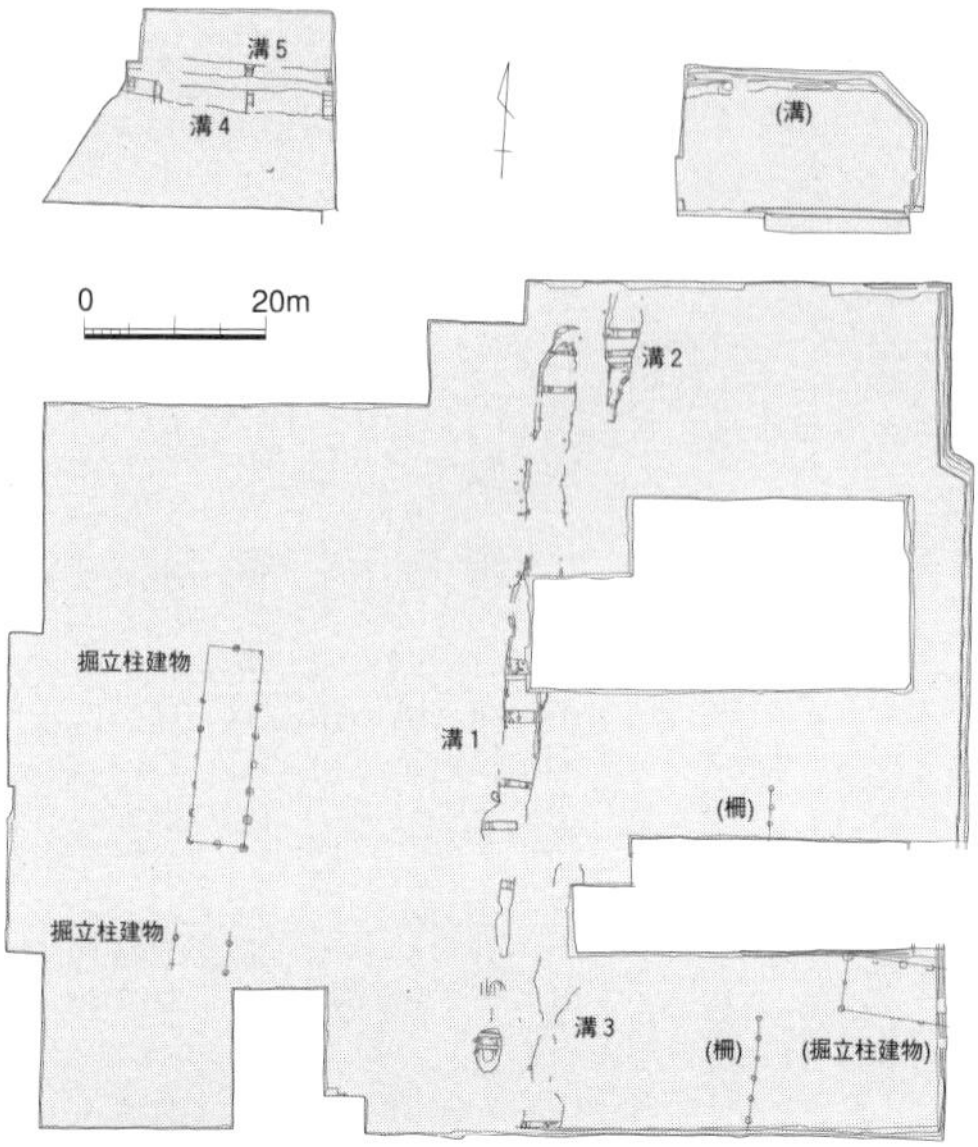

図6　8世紀後半期遺構分布状況

そしてこの二棟の東約七十メートルの調査区の東南隅で、もう一棟の掘立柱建物を見つけております。これは時期の特定はできなかったのですが、先ほどの二棟の掘立柱建物とほぼ同じ時期である可能性が高いのではないかと考えているものです。

そしてこの建物の西側、この建物の南壁の柱列を西に延長していった位置にから南へ延びる柵と、その北側にもう一列の柵を検出しております。これらの柵も時期の特定はできなかったのですが、柵の向きや建物との位置関係などから、

写真6　8世紀後半の南北棟掘立柱建物（滋賀県教育委員会提供）

同時期の可能性を考えているものです。

さらにこの柵の西側で、南北方向の三本の溝を検出しております。そして、北西に設けた調査区で、それに直交する東西方向の溝を二本確認しています。これらは後ほど説明する防御性を備えていたと考えている八世紀の第3四半期の区画溝であります。

そして、これも時期の特定できなかった溝ですが、北東隅の調査区で東西方向に走る溝を一本確認していて、一連の遺構のうちのひとつである可能性があると考えています。

写真6は、禾津頓宮と見られる大型掘立柱建物の北側で見つかった南北に細長い掘立柱建物で、東西五・九メートル、南北二〇・八メートル（東西四間×南北七間）、床面積が約一二三平米の規模を持つ建物です。柱の直径は約二〇センチ、柱の間隔が約三メートルで、柱筋の通

写真７　８世紀後半の南北棟掘立柱建物の柱穴（滋賀県教育委員会提供）

りも整っている立派な建物であります。先の禾津頓宮と考えられる大型掘立柱建物と比べますと、かなり見劣りはするのですが、柱の間隔などは大型掘立柱建物と同じ約三メートル間隔ですし、規模的にも宮殿や官衙を構成するような立派なものであります。

写真7はこの建物の柱穴の一つで、一辺約八十センチメートルの方形の柱穴で、中央に柱を抜き取った跡があり、そこから平城宮式の軒丸瓦片が出土している状況の写真です。瓦はその出土量から見ると、この建物自体が瓦葺きであったとは考えられませんが、この遺跡の付近に、こういった平城宮式の軒瓦を葺いた建物があったということや、また平城宮式の瓦の年代から建物の廃絶時期を知る手がかりになるものであります。

そして、出土した平城宮式の瓦の文様は、保良

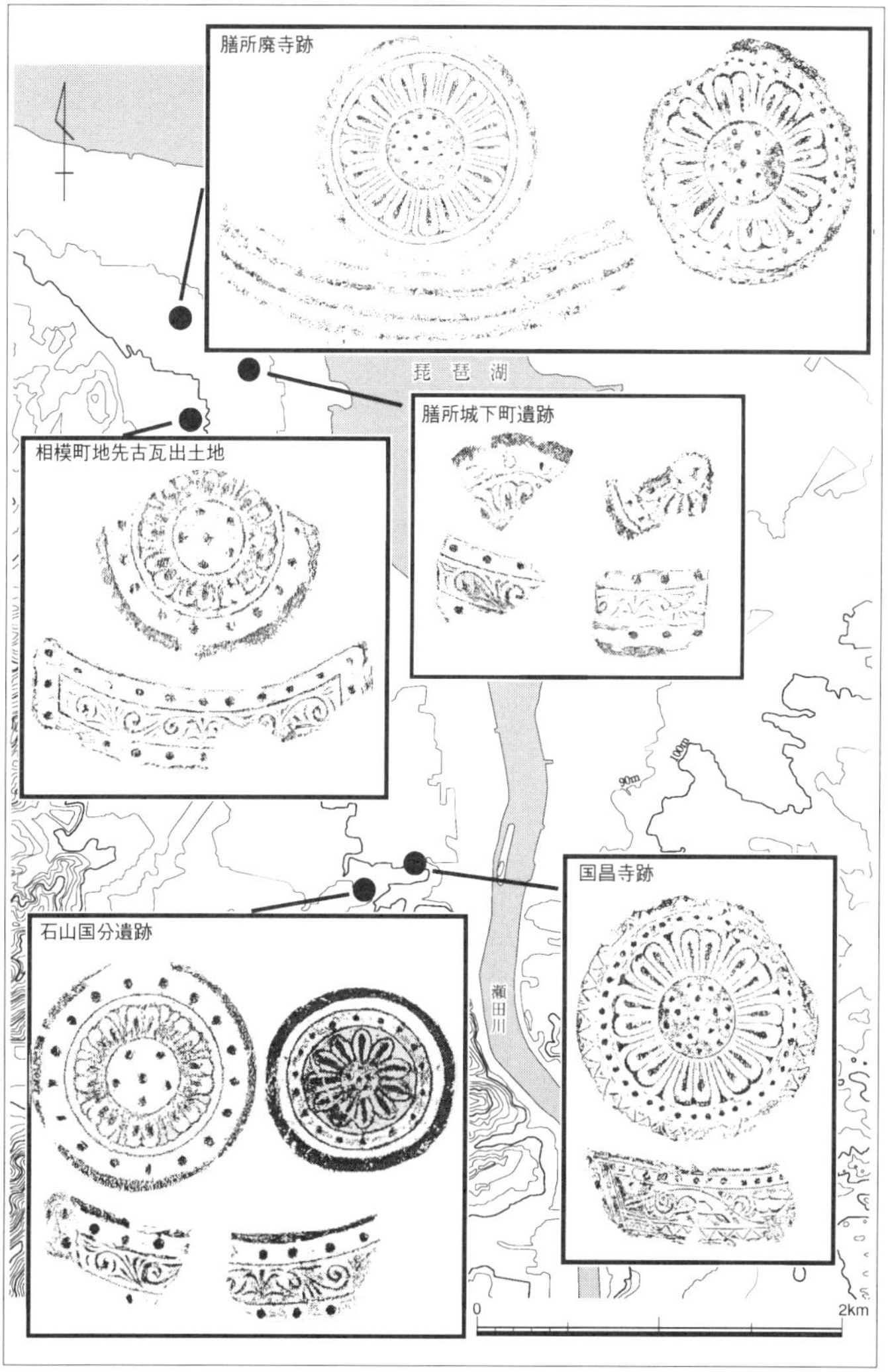

図7　膳所・石山周辺古代軒瓦分布概略図

写真8　8世紀後半の東西棟掘立柱建物（滋賀県教育委員会提供）

宮推定地とされている石山国分遺跡や、この膳所高等学校のすぐ近くで高校の第二グラウンドがある付近の相模町地先で採集されている瓦と共通のものでありまして、それらとの関わりが注目されるところであります。そして、この瓦の年代観から見ると、この建物は八世紀の第3四半期頃の建物で、七七〇年前後以降に廃絶した可能性があると考えることができるものです。

なお、この建物の南側には、方位を揃えてもう一棟の南北建物が並び建っていて、次に見ていただく東西棟の掘立柱建物や南北方向の柵がこれらの東側で確認されていることなどから、計画的に建物を配置していった官衙的な建物配置の様相をこれらに見ることができます。

写真8はその東西棟の掘立柱建物です。調査区の南東部で見つかったもので、東西約十二メートル以上、南北五・二メートル（東西四間以

上×南北二間）の建物で、建物の東端は調査区の外側にあるものと考えられます。この建物の時期は特定できませんでしたが、柱穴の規模や間隔、方位などから、奈良時代後半の可能性が高いと考えていて、この建物が見つかったことで、方位を揃えて計画的に建物が配置された官衙的な建物群が、膳所高等学校のグラウンド周辺に一定程度の広さを持って拡がっていた可能性が高いと考えていいのではないかと思っています。

写真９　膳所城下町遺跡北からの空中写真
（滋賀県教育委員会提供）

次に防御的な機能を備えた区画溝について説明させていただきます。写真９は調査地の北上空からの写真で、白線部分が防御的な機能を備えた区画溝だと考えている溝であります。区画の二辺のみを検出しただけではありますが、これらの溝によって囲み込まれた区画の規模は、南北が一〇八メートル以上、東西が五五メートル以上であったと考えられます。

区画の入口にあたると考えている部分を北上空から見たのが写真10で、二本の溝が

写真10　区画溝入口部分（滋賀県教育委員会提供）

食い違うようにして配置されている様相がわかるかと思います。外部から区画の内部に入っていくのに、直接まっすぐには入れないような防御的な入り口構造を備えていたことを見ることができます。

写真11はその溝の断面図です。この部分での溝の幅は約三メートルで、深さは一・三メートルの深い溝であります。ただ、見つかりました区画溝は、全般的に見ますと、溝の深さは浅いところでは六十センチのところもあって均一ではなく、溝の幅も一定せずに、溝の輪郭に凹凸が見受けられて、かなり急を要して掘り込まれた溝で、あるいは区画溝の掘り込み作業がきちっと最終的に仕上がる前に作業が中断したのではないかといったような印象を受けるものでありました。

この溝の埋め土の状況は、溝の内部に水が流れたり溜まったりといったような形跡や、長い期間をかけて徐々に溝が埋まっていったというような状況ではなくて、ある程度一気に溝が人為的

写真11　区画溝（溝１）土層断面（滋賀県教育委員会提供）

に埋め戻されたような様相でありました。

また写真11の断面では、直径が二〇センチほどの杭のようなものが、深さ三〇センチから四〇センチほどの深さまで打ち込まれていた状況を確認することができます。こういった丸太杭が打ち込まれたような痕跡が、区画溝の肩部や壁面、それから溝の底の部分に多数見つかっていて、先ほどの入口部の構造とともに、外部からの侵入を阻む防御的な機能をこれらの杭が担っていたのではないかというふうに考えています。

こういった防御的な機能を備えたと見られる区画溝は、出土遺物などから先ほどの掘立柱建物と同じ頃の八世紀第３四半期以降に廃絶したと考えられるものであることから、防御施設を備える必要が生じるような軍事的緊張の高まりがこの頃の近江のこの地にあったということが、調査の成果から見えてきたのであります。

写真12　膳所城下町遺跡平城宮式軒瓦（滋賀県教育委員会蔵）

ここで、今一度、膳所城下町遺跡で見つかった奈良時代後半期の遺構群の特徴をまとめておきますと、それらは柵を伴うなど計画的に建物を配置したような官衙的な建物群であり、8世紀第3四半期の一時期に、その一部を防御的な機能を持つ区画溝で囲み込んだ末、ほどなく廃絶していったという様相をまず第一に上げることができます。そして、見つかった建物群の在り方には、同じ場所で建物を建て替えたりといったような、恒常的な維持管理というのは見受けられなくて、八世紀第3四半期の単発的な建物群であることや、建物の柱抜き取り痕や区画溝の埋め土から出土した瓦の文様から、保良宮関連の殿舎と同じ軒瓦を葺いた寺院もしくは官衛建物に近接しているといったことも、建物群の特徴として上げることできます。

こういったことを踏まえて考えてみますと、禾津頓宮造営後、奈良時代後半の膳所城下町遺跡で見つかった建物群というのは、保良宮《ほらのみや》に関連する官衙建物、もしくは官人層の邸宅の一角である可能性があるのではないかと思

写真13　膳所高等学校と第2グラウンド（滋賀県教育委員会提供）

えるわけです。

写真13は膳所高等学校の東上空から見たものですが、手前が膳所城下町遺跡で、保良宮に関連する官衙建物もしくは官人層の邸宅があった可能性が考えられるところです。そして、その約三〇〇メートルほど南西、写真の上に見える膳所高等学校の第二グラウンドの付近が、相模町地先の古瓦の出土地で、石山国分遺跡とも共通する平城宮式軒瓦を出土する場所であり、保良宮関連の殿舎と同じ平城宮式の軒瓦を葺いた寺院もしくは官衙建物が存在したと考えられる地区ということになります。

そういったことで、京阪電鉄石坂線の膳所本町駅周辺での奈良時代後半期、つまりは近江に保良宮が造営された時期の様相が、膳所城下町遺跡の発掘調査の成果から新たに見えてきたということがいえるかと思います。したがって、禾津頓宮跡と考えられる大型掘立柱建物が見つかったこともかなり大きな発掘調査の成果であったわけですが、これに加えまして、八世紀後半の調査

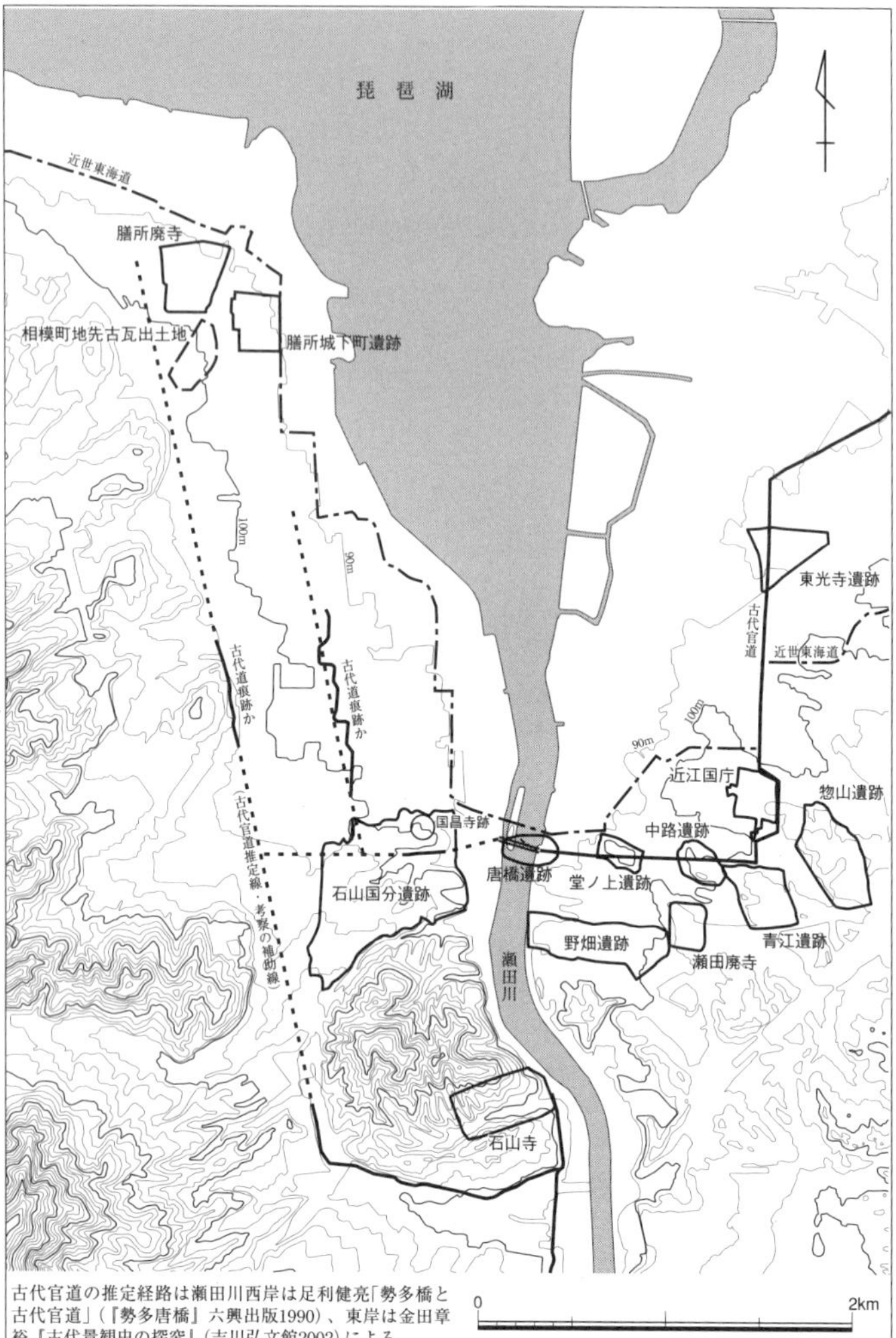

古代官道の推定経路は瀬田川西岸は足利健亮「勢多橋と古代官道」(『勢多唐橋』六興出版1990)、東岸は金田章裕『古代景観史の探究』(吉川弘文館2002)による

図8　膳所城下町遺跡周辺の古代遺跡と古代官道

成果も非常に興味深いものであり、現在のところ、石山の国分台地周辺にその中心があったと考えられている保良宮の範囲やその在り方についてのことや、勢多《せた》橋から北へ向かう古代官道のルートなどについての検討を、あらためて喚起させられるような新資料であるということが言えると思います

以上が膳所城下町遺跡の発掘調査にもとづいての話なのですが、最後に蛇足めいた話として、防御的な機能を備えた区画溝の開削に見える軍事的な緊張の高まりというのをどう理解するかについてですが、天平宝字八年（七六四）に勃発した恵美押勝（藤原仲麻呂）の乱に関連する可能性があるのではないかと考えています。藤原仲麻呂は当時の近江の国司であり、保良宮の造営においても中心的な役割を担った人物でありますから、この時の反乱が彼の支配下にあったこの地域での軍事的な緊張の高まりを生んだであろうことは容易に想定できるところであります。

藤原仲麻呂は東国行幸のときに前騎兵大将軍を勤めた人物でもあるわけですが、東国行幸だけではなくて、そのあとの八世紀の後半の膳所城下町遺跡の成果においても、この遺跡との何らかの関連が見えてきて非常に興味深いところです。ただ、この件に関してはまだまだ検討をきちんとしていかなければいけないものでありますが、非常に暑かった二〇〇二年の夏の日に発掘調査をしながら考えていた思いつきのひとつとしてお話させていただきました。

以上で私の話を終わらせていただきます。どうもありがとうございました。

事例報告2

紫香楽甲賀寺《こうかでら》における大仏造営

―甲賀市信楽町鍛冶屋敷《かじやしき》遺跡の調査から―

財団法人滋賀県文化財保護協会

畑　中　英　二

東大寺の大仏のことはよく知られておりますが、実は、つくりはじめたのが近江国甲賀郡紫香楽（現在の滋賀県甲賀市信楽町）にある甲賀寺であったということをご存知でしょうか。地元の方はよくご存知なのですが、広く知られているとはいえません。

そこで、聖武天皇の時代における最大の出来事である大仏造営事業に焦点をあて、中でも最新の考古学の成果を紹介しながら当時の紫香楽でどのような出来事が起こっていたのかについてお話ししていこうと思います。とりわけ、近年話題になりました鍛冶屋敷遺跡の調査から何がわかってきたのかについて、取り上げることとします。

大仏とは

仏にもいろいろな種類がございますけれども、東大寺の大仏は、毘盧遮那仏《びるしゃなぶつ》と呼ばれているものです。毘盧遮那仏というのは、もともとインドのヴァイローチャーナと呼ばれる太陽神でした。それが仏教に取り込まれていくなかで毘盧遮那仏に転化していったといわれています。『梵網経《ぼんもうきょう》』というお経によると、この仏は「蓮華蔵世界《れんげぞうせかい》」の主として君臨し、万物の創造者であり宇宙の中心におられるとされます。蓮華蔵世界とは、千枚の蓮の華からなり、その千枚の華一つひとつに大釈迦がおられて、またその一つひとつの華の中には百億の世界があってそれぞれに小釈迦がおられるというものです。その頂点に君臨しているのが毘盧舎那仏であるということなのですから、非常に大きな世界観をもった仏であるといえるのです。

現在の東大寺の大仏は、創建当時のものは腰から下しか残っておりませんけれども、台座の蓮《れん》弁《べん》に蓮花蔵世界が描かれています。横線を引いて、いろいろな家があったり仏がいたり、また横線が引かれて……いろいろな世界の繰り返しが描かれているのです。聖武天皇は、そういった世界の頂点に君臨する仏をつくろうとしたということであります。

新たな聖武天皇像

聖武天皇はどのような人だったのだろうか、ということが近年あらためて議論になっています。

従来は聖武天皇が天平十三年（七四一）から十七年（七四五）にいたる五年の間、平城を振り出しに、恭仁、難波、紫香楽を「彷徨」したと理解され、心弱き天皇であったという説が従来定説めいたものになっておりました。このイメージを見事に表現したのが、里中満智子《さとなかまちこ》さんの描かれました『女帝《じょてい》の手記《しゅき》』という漫画です。非常にわかりやすいので紹介いたしましょう。ここでの聖武天皇は、いつも眉間にしわを寄せて、脂汗や冷や汗をたらたら流しながら、みんなに決断を迫られて、仕方なくああしろ、こうしろと指示を出しているような姿なのです。

しかし、さきほど御講演されました遠山美都男《とおやまみつお》先生をはじめ小笠原好彦《おがさわらよしひこ》先生、瀧浪貞子《たきなみさだこ》先生をはじめとする研究者が、実際に資料を丹念に検討された結果、決してそうではないということがわかってきたのです。

私個人としましては、長屋王《ながやおう》あるいは塩焼王《しおやきおう》に関する処置を思いますと、多少神経質で言いだしたら聞かない頑固な人であったような気はいたします。とはいえ、性格はともかく、あまりにも無能な人が神亀元年（七二四）から天平感宝元年（七四九）という長い間にわたって天皇位につき、しかもほかに例をみない大きい事業を遂行できるわけがないのではないかと思うのです。ですから、こういったイメージというものが必ずしも正しくないのだということで、思いこみは極力捨てて、事実関係に基づいて話を進めていきたいと思います。

洛陽《らくよう》と龍門《りゅうもん》、恭仁《くに》と紫香楽《しがらき》

唐に倣《なら》って毘盧舎那仏を造顕

天平十五年から紫香楽で大仏をつくることになるわけですが、結論的に申しますと、これは唐の大仏を倣ったものだと考えます。それは、洛陽から十六キロほど離れたところにある龍門奉《ほう》先寺《せんじ》の毘盧舎那仏です。これは唐の高宗《こうそう》が六七二年に造立したもので、聖武天皇は洛陽と龍門を日本で造ろうとしたと考えられているのです。

実は、紫香楽甲賀寺の近くにも都があります。それは東国行幸の行き着く先である恭仁宮です。恭仁宮と紫香楽は二十キロほど離れておりまして、洛陽と龍門と同様に一日で行ける距離ということになります。

これだけだと、ただの偶然ではないのかと言

写真１　龍門奉先寺の盧舎那仏（小笠原好彦氏提供）

われるかもしれませんが、他にも証拠はあるのです。恭仁京の平面形態というのが、東西に流れる木津川を挟みながら南北に宮、京をつくっており、平城京や平安京とは異なり非常にユニークなかたちをしていると考えられています。日本の中で見ると非常に特異なのですが、実は非常に似たものが中国にあるのです。それが、洛陽城なのです。つまり、洛陽城のようにわざわざ川を取り込んで都をつくるということを、聖武天皇が目論んだと考えられるのです。

ですから、洛陽城と龍門奉先寺(毘盧舎那仏)のセットに対して、恭仁宮と紫香楽甲賀寺(毘盧舎那仏)のセットという図式でつくりはじめられた可能性が非常に高いのです。

恭仁と紫香楽の関係

恭仁と紫香楽の関係について具体的にみてみましょう。天平十二年の終わりに恭仁に行幸してから一年以上経った天平十四年二月五日に恭仁京の東北道を開くという記事が出てまいります。恭仁京の東北方向には間違いなく紫香楽があり、その後から度重なる紫香楽への行幸がはじまるということになります。つまり恭仁宮から紫香楽への道を整備したのです。

恭仁宮をつくりながら紫香楽へ行幸し、大仏をつくっていく構想を具体化し、足固めをしていっているということがうかがえます。

恭仁宮をつくりながら、紫香楽へと行幸するわけですが、それに先立って造離宮司《ぞうりきゅうし》という離宮をつくる仕事をする役所を設けます。実は、恭仁宮をつくる役所である造宮省《ぞうぐうしょう》の長官と次官が、

1類（滋賀県立琵琶湖文化館蔵）　2類(滋賀県立安土城考古博物館蔵)

1類（甲賀市教育委員会蔵）

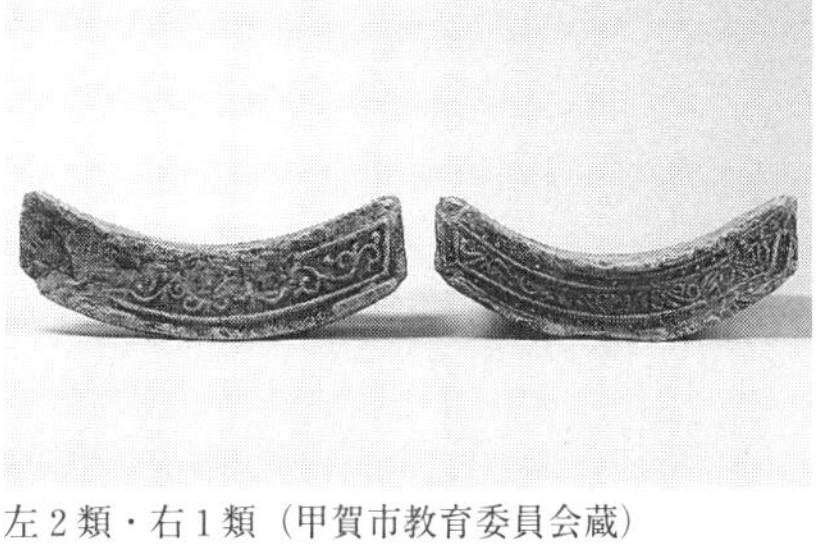

3類（滋賀県教育委員会蔵）　左2類・右1類（甲賀市教育委員会蔵）

写真2　甲賀寺跡軒瓦

紫香楽の造離宮司を兼ねていたのです。つまり、財源もほぼ一緒、担当する役人も一緒、しかも同時につくっているというのが、恭仁と紫香楽であったのです。

恭仁宮の大極殿《だいごくでん》は瓦を葺いておりますが、その瓦をモチーフにしてつくったものが甲賀寺の瓦（写真2・1類）であったというようなことや、恭仁宮大極殿の瓦をつくった工人の一部が紫香楽でも瓦をつくっていたことがわかっております。

以上のことから、恭仁と紫香楽は分かちがたい関係にあったといえるでしょう。

紫香楽宮の実像に迫る

信楽谷の最北端のところに宮町《みやまち》遺跡《いせき》があります。そこがおそらく紫香楽宮だろうということが地元甲賀《こうか》市教育《しきょういく》委員会《いいんかい》や滋賀県教育委員会による二十数年来の調査によって明らかになってきました。

宮町は非常にこぢんまりとした盆地で、行っていただくと、こんな狭いところに紫香楽宮があったのかと思われるかも知れません。狭い谷を南へずっと歩みを進めます

写真3　信楽谷全景（甲賀市教育委員会提供）

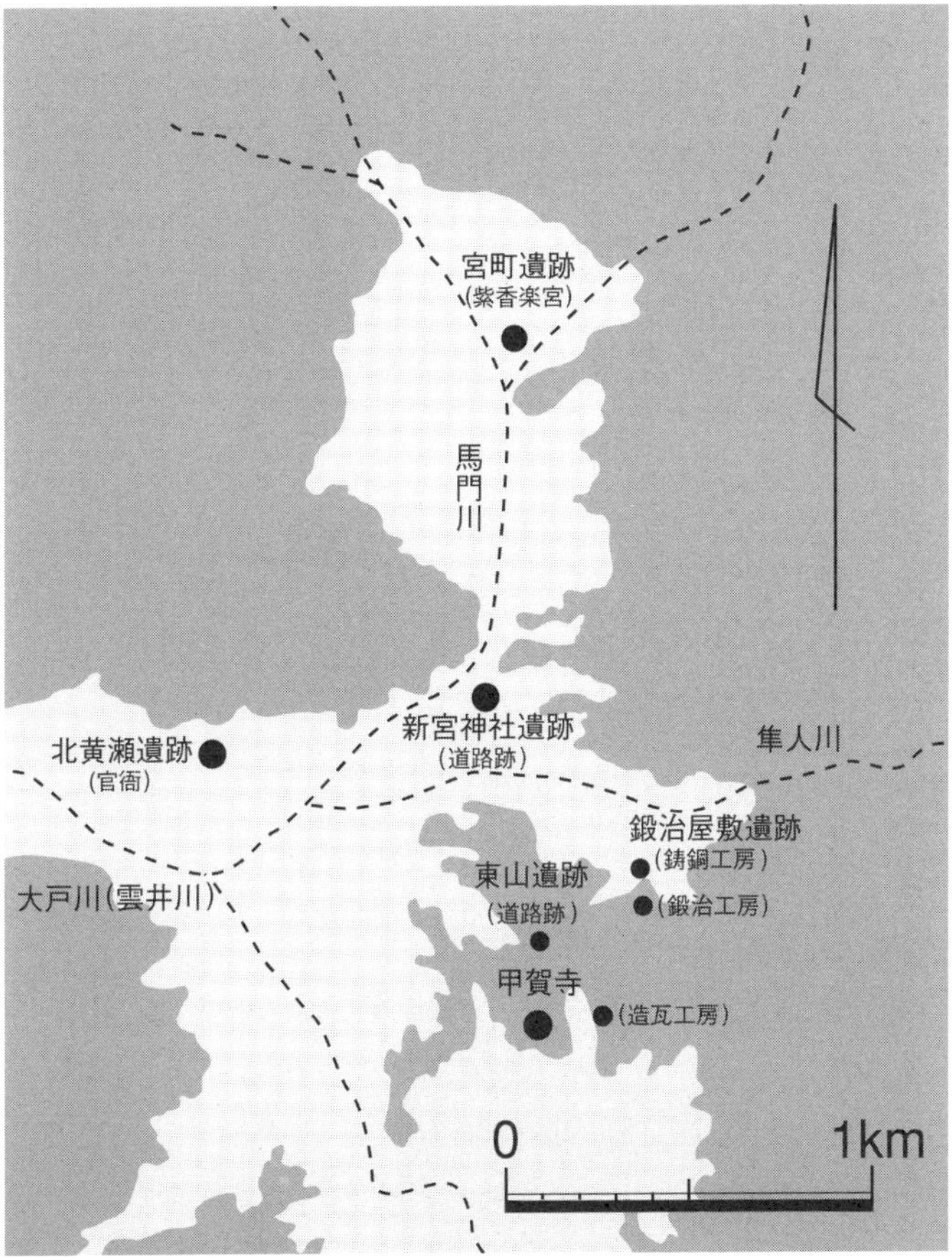

図1　紫香楽宮関連遺跡位置図

と、内裏野《だいりの》と呼ばれる丘陵があります。この丘陵の南端に、大仏をつくった甲賀寺があったのではないかと推測されております。

紫香楽宮の構造

最近の宮町遺跡の調査でわかったことなのですが、南北に細長い建物が両脇にありまして、東西に横長の建物が真ん中に二棟ある。コの字型の配置をしているわけですが、朝堂と呼んでおりますす（口絵3）。いわば国会議事堂みたいなものです。

宮町遺跡で国会議事堂のような建物跡が出てきたので、ここで政治を執っていたのだろうというふうに想定でき、ここに紫香楽宮があったのだろうというふうに考えられるわけです。

口絵4がCGで紫香楽宮を復元したものですが、平城宮や難波宮《なにわのみや》の構造とは基本的に違います。まず板葺きであるということと、長い建物の規模が非常に小さいです。本格的な

写真4　宮町遺跡出土柱根（甲賀市教育委員会蔵）

宮ではなく離宮のタイプだというふうに言われております。当初は離宮をつくろうとしたわけですから、この構造を理解することはできますし、離宮において結果的に政務を行うこともあったということなのでしょうか。

紫香楽宮か甲賀寺か

「紫香楽宮」は非常に耳なじみがよく、そして美しい文字からなっている言葉であるがゆえに、強い印象が残ります。一方で「甲賀寺」はさほど強い印象は残りません。

紫香楽にはこれら二つございますが、どちらを主に考えるべきなのでしょうか。両方大事なのですけれども、あえて歴史的に、考古学的に取り扱う場合、私個人としましては、歴史的な脈絡からみると甲賀寺を主として考えるべきであろうと思います。

紫香楽宮そのものというのは、あくまでも紫香楽甲賀寺での大仏造営を聖武天皇が現地で指揮をとるための離宮であったことが脈絡からみると明らかです。推測の域は出ませんが、仮に紫香楽甲賀寺で大仏が完成した後、聖武天皇は紫香楽宮に居続けたでしょうか。唐の事例を倣ってつくり始めたわけですから、やはり龍門は毘盧舎那仏が安置されているのみであって都にはならなかったのです。実際に紫香楽甲賀寺での大仏造営事業は頓挫してしまいますので、聖武天皇がどうするつもりであったかについてはわからないのですけれども、周りの歴史的な動きを見てもここに居続けるつもりはなかっただろうと思えるのです。ですから、まず紫香楽宮で政務を行ったこと自体は、あくまでも期間限定的で特殊なものだったのでしょう。

余談ですが、耳なじみのよい「紫香楽宮」という名称自体が、実は極めて短命だったことはあまりご存じないかと思います。同時代に書かれた『正倉院文書』には、天平十六年前半までは「紫香楽宮」と書かれているわけですけれども、天平十六年の後半以降は「甲賀宮《こうかのみや》」と書かれているのです。甲賀寺に対する甲賀宮というかたちで格上げがなされたのだと解釈されています。ですから、非常に耳なじみのいい名前ではあるのですけれども、極めて短命で、あくまでも甲賀寺をつくりはじめるまでの離宮段階で名付けられたものであったのです。

こういったこともありまして、今回甲賀寺のほうにウエートを置いてお話させていただいているということになります。

甲賀寺における大仏造営

甲賀寺における大仏造営期間

天平十五年十月十九日に甲賀寺の整地をはじめたものの、天平十七年五月には、聖武天皇が紫香楽を離れ平城へと戻ります。その後聖武天皇は紫香楽に足を向けることはなかったのです。ただ平城に帰っただけで、大仏造営事業自体は続いたのではないかという考え方も可能です。しかし、『東大寺要録《とうだいじようろく》』には、天平十七年八月に東大寺において整地をはじめた、もしくは整地を完了したということが記されております。

つまり、天平十七年八月には、少なくとも東大寺において大仏造営事業がはじまっているわけですから、甲賀寺における大仏造営事業はそれまでに終わっていると考えてよいでしょう。もしかすると、聖武天皇が離れるとほぼ同時に停止になったのではないか、もしくは何らかの理由で甲賀寺での大仏造営事業を停止したから紫香楽を離れたというふうにも考えられるわけです。

以上のことから、実質は二年弱のあいだ大仏造営事業が進められていたということになります。ではどこまでできあがっていたのかについて考えてみましょう。

大仏はどこまでできあがっていたのか―「体骨柱《たいこっちゅう》」と国中連公麻呂《くになかむらじきみまろ》の昇進―

天平十六年十一月十三日に「体骨柱」というものを建てて、盛大な儀礼を執り行ったことが『続日本紀』に記されています。

この「体骨柱」というのは何なのでしょうか。実はほかに類例の無い、謎の言葉なのです。ですから、いまのところ考古学研究者も、文献研究者も、みんな言いたい放題です。ただの柱だと言われる方もおられます。それから塑像《そぞう》の骨組みの心柱だと言われる方もおられます。いやいやそんなことはない、盛大な儀礼をおこなっているのだから、塑像そのものであると言われる方もおられます。批判はいくらでもできますけれども、全否定はすべてできないというような状況。非常に難しい謎の言葉がここにあるのです。解明は今後の大きな課題です。

この他に大仏造営に関する興味深い出来事としては、天平十七年四月に、仏像製作のデザイナーである仏師国中連公麻呂が異例の大昇進を遂げたことが挙げられます。公麻呂は正七位下から従五位下まで昇進したのです。七位から五位まで昇進することぐらいあるのではないかなと思われるかも知れませんが、位には正従、上下ありますから、一挙に六段階昇進したわけです。さらに五位から上は貴族の仲間入りだと言われていますので、常識を越えるような功績があったとみるべきなのでしょう。つまり、仏像製作のデザイナーが何かを成し遂げたことをうけて大昇進した、それが天平十七年の四月だったということです。

目を転じて表1の東大寺の造営過程と甲賀寺の造営過程を比べてみましょう。東大寺の方は、造営の前半部は詳細な資料がなく端切れのような資料を重ね合わせているので多少問題があるかも知れませんが、天平十七年八月二十三日に整地を開始し、天平十八年十月に毘盧舎那仏の燃燈供養をし、天平十九年の九月に大仏の鋳造を開始したということがわかっています。甲賀寺は二年弱の間の造営事業を進めていたわけですから、東大寺での造営過程と比較しますと、鋳造作業に取りかかっている途中であったということになります。ただしこれは東大寺と甲賀寺で同じものを造っていればという条件が付きますが。

東大寺の大仏のつくりかたについては詳細な研究がありますのでそれに拠って具体的につくりかたをみてみましょう。まず鋳造する前に鋳型をつくらなければなりません。骨組みを組んで、粘土で塑像をつくり、それをもとにして外型をつくるのです。外型をつくって、一度解体して、

表1　甲賀寺・東大寺における盧舎那仏像過程の比較

甲賀寺		東大寺	
天平15年	10月15日　大仏造顕の詔を出す。	天平17年	
	10月19日　寺地を開く。		8月23日　整地を開始（?）
天平16年			
	3月14日　金光明寺の大般若経を紫香楽宮に運び、僧200人を請して転読せしむ。	天平18年	*※整地および塑像原型の制作期間*
	10月13日　体骨柱を立てる。 *※体骨柱の実態は明らかではない…*		10月6日　盧舎那仏を燃燈供養する。
天平17年	1月7日　行基、大僧正となる。		
	4月25日　国中連公麻呂、外従五位下に昇進。 *※この時点までに大仏塑像原型は完成か？*	天平19年	
	5月5日　聖武天皇、紫香楽を去る。 *※この時点を以て紫香楽での大仏造像は停止？*		*※鋳造のための準備期間*
	?		9月29日　大仏の鋳造を開始する。

今度は最初につくった塑像の大仏を、銅を流し込む分だけ削り込みます。中子削り《なかごけず》りというやり方だそうです。このようにして内型と外型をつくって、下から上へと八回に分けて鋳造したようです。東大寺では、鋳造する前の段階までに約二年かけていることがわかっています。

甲賀寺の場合、東大寺と同じような規模で同じような手順で造営したとすると、天平十七年五月に聖武天皇が紫香楽を離れる際には、鋳造する前ぐらいまではできそうだということがわかるのです。

天平十七年四月の段階で、仏師国中連公麻呂が大昇進を遂げるということを考えると、天平十七年四月までには大仏の塑像はおおむねできたのではないかというようなことが推測でき、大仏の鋳造は行われなかったと考えるのが穏当でしょう。

甲賀寺大仏はどこでつくられていたのか

いま甲賀寺跡と呼ばれている伽藍が、内裏野丘陵の南端にあり、礎石が並んでいるのを見ることができます。ただし、これは東大寺並の大きさで大仏が安置できるようなお寺ではなく、もっと小さいのです。これは、近江国の国分寺の姿であると考えられるものなのです。

では当時はどうだったのかということになりますと、実は、聖武天皇が紫香楽にいたときの甲賀寺の姿は記録にありません。そこで、表2の「東大寺伽藍造営年表」をみてみましょう。

東大寺伽藍をつくる歳月はどのような段取りで、どのような順番でできているかということを

写真5　甲賀寺跡中門跡（滋賀県教育委員会提供）

写真7　甲賀寺跡復元CG
（甲賀市教育委員会提供）

写真6　甲賀寺跡出土鉄釘
（甲賀市教育委員会蔵）

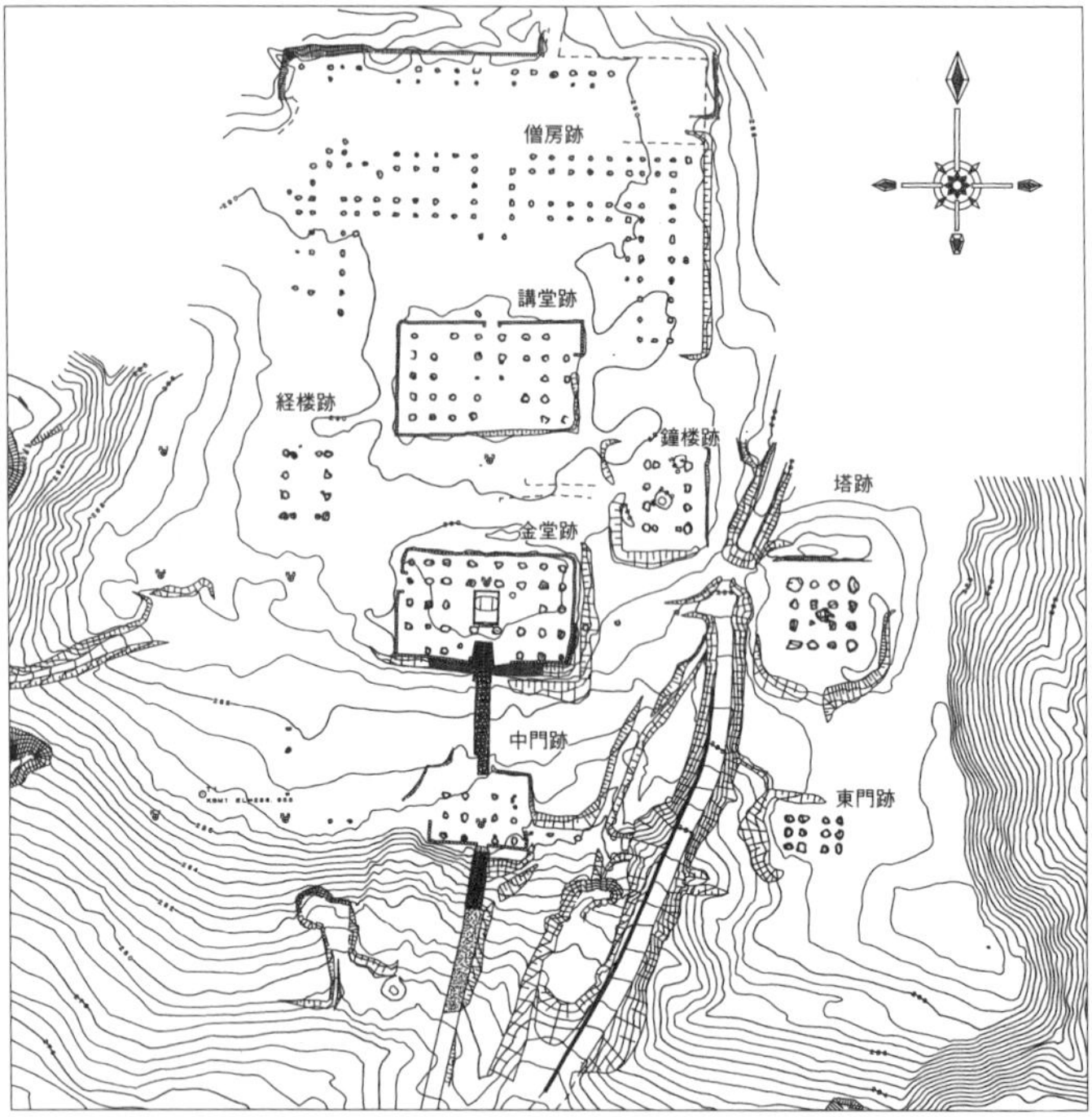

図2　甲賀寺跡現況図

整理しているわけです。東大寺では天平十七年（七四五）に造営を開始して、天平勝宝三年（七五二）に開眼会を催しますが、その時点で着工していた、あるいは着工が完了した堂舎は、大仏殿と西塔、中門だけだったのです。ですから、周りの堂舎というものには手をつけず、本体のみをつくろうとしていたということがわかります。これは、大仏鋳造の方法に関わってくる問題なのです。大仏は八段階に分けて下から上へ向かって鋳造していきます。その際に大仏を埋めながら一段ずつ上

表2　東大寺伽藍造営年表

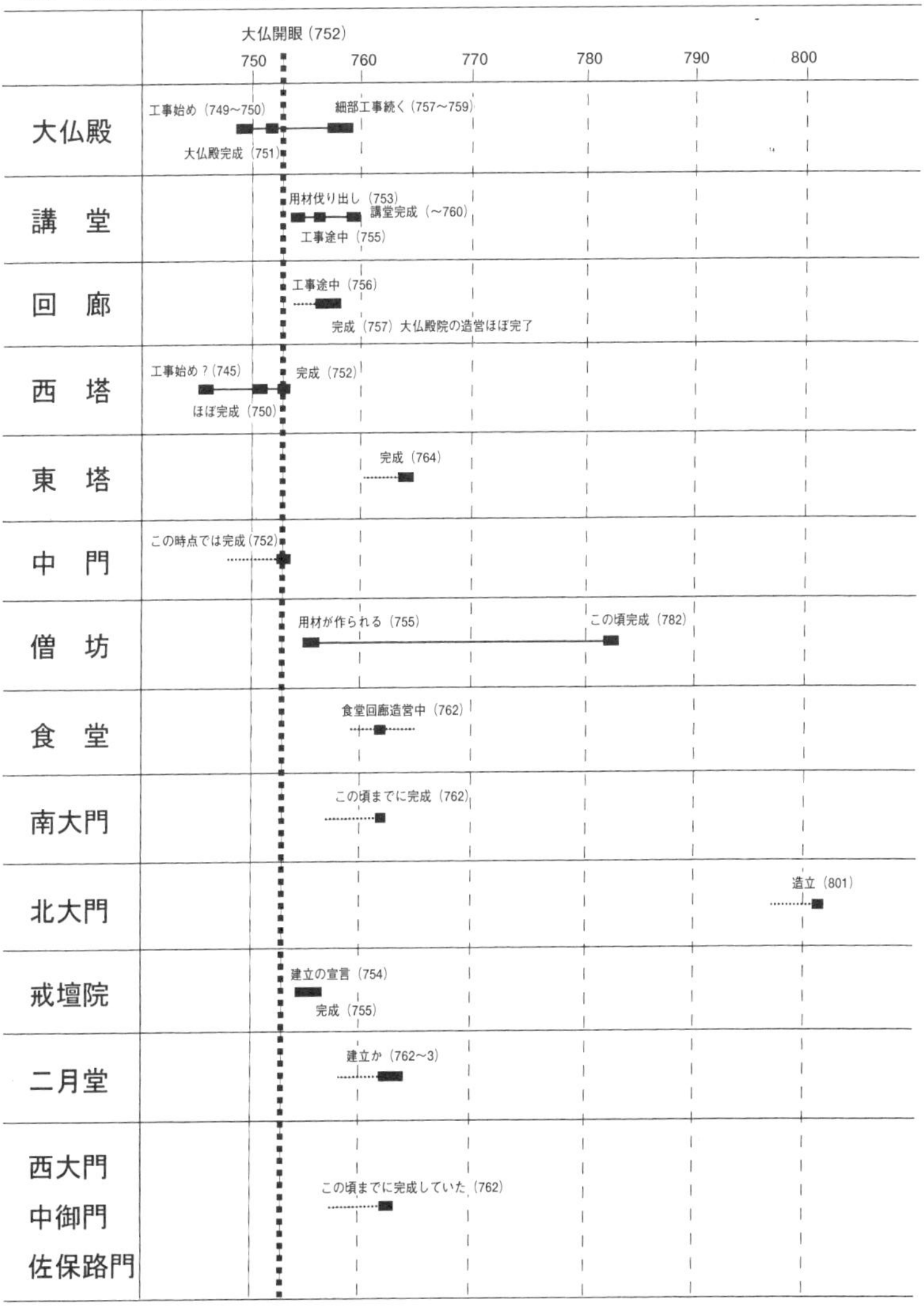
大仏開眼（752）
750
760
770
780
790
800
大仏殿
工事始め（749～750）
細部工事続く（757～759）
大仏殿完成（751）
講　堂
用材伐り出し（753）
講堂完成（～760）
工事途中（755）
回　廊
工事途中（756）
完成（757）大仏殿院の造営ほぼ完了
西　塔
工事始め？（745）
完成（752）
ほぼ完成（750）
東　塔
完成（764）
中　門
この時点では完成（752）
僧　坊
用材が作られる（755）
この頃完成（782）
食　堂
食堂回廊造営中（762）
南大門
この頃までに完成（762）
北大門
造立（801）
戒壇院
建立の宣言（754）
完成（755）
二月堂
建立か（762～3）
西大門
中御門
佐保路門
この頃までに完成していた（762）

へと上がっていくので、小山ができてしまうのです。そういうことになりますと、鋳造している間は、周りの建物を建てられないのです。

ということになりますと、甲賀寺において天平十七年五月までに建っていた堂舎は無い、ということになります。できているのは大仏を鋳造する場所の整地、それから塑像だけだったということになります。聖武天皇が紫香楽に行幸している間に建てられた甲賀寺の堂舎は無いわけですから、いくら発掘調査しても発見することは不可能なのです。

では、甲賀寺の大仏がどこでつくられようとしていたかを示す資料はないのでしょうか。結論的には、間接的に示す資料はあります。

堂舎は建てられていなかったのですが、大仏をつくるための整地はできているはずなのです。そこで紫香楽の中で東西八十メートル、南北五十メートルくらいの創建期の東大寺大仏殿が入る平地を探すと、ほとんどありません。あるとすれば、内裏野丘陵上の甲賀寺跡だけです。創建期の東大寺の伽藍をあわせてみるとよくわかるのですが、図2の講堂と僧坊のあたりにちょうどおさまることがわかります。発掘調査をすればわかる可能性はあるでしょう。いずれにしてもこの点については、今後の調査に期待せざるをえないということです。

東大寺に受け継がれたもの

甲賀寺跡から出土した瓦の内、写真2の2類の瓦は東大寺で使っていた東大寺式と言われる瓦のモチーフになったものです。ただ、文様の流れを追うことはできるのですが、工人も東大寺へと移動したかどうかについては明らかではありません。

今後の課題になってくるわけですが、甲賀寺から何が東大寺に受け継がれたかということが問題になるわけです。唯一見られるとすれば、この瓦の文様だけなのです。これも資料が少ないので、今後の調査成果に期待したいところです。

鍛冶屋敷遺跡の調査から

ようやく鍛冶屋敷遺跡の話に入っていきたいと思います。かねてから鍛冶屋敷と呼ばれる土地でした。実は江戸時代の地誌のなかにも出てきており、紫香楽での大仏鋳造と関係ある場所であったと考えられていました。

鍛冶屋敷遺跡の概要

調査を行ってみると、たくさんの人が見学しにくるような銅の鋳造工房が出てまいりました。出土した土器の年代から奈良時代中頃のものであること、位置関係から甲賀寺に供給されたと考えられること、ここで鋳造された銅製品の形状は明らかでないものが大半ではあるものの梵鐘《ぼんしょう》を鋳造していることから甲賀寺に供給されたと考えることができます。加えてここで鋳造されていた銅製品はすべて大型品であったこともわかっています。

写真8　鍛冶屋敷遺跡全景（滋賀県教育委員会提供）

では、どのような遺構や遺物があったのかをみてみることにしましょう。

写真9に示しているように、これらは銅の大きな製品をつくるための一つの工房で、大きく三つの施設から構成されています。一番後ろにあるのが、鞴《ふいご》です。足でギッタンバッタンと踏みながら強制送風する施設です。中程の焼けこげたところが、溶解炉を据えたところです。ここに溶解炉を据えて、そのなかに銅と木炭をいっしょに放り込み、強制送風して銅を溶かすのです。一番手前にあるのが鋳型の据え付け穴です。穴を掘って鋳型をすえて、溶けた銅を鋳型の中に流し込むのです。このような施設で銅製品を鋳造していたことがわかったのです。

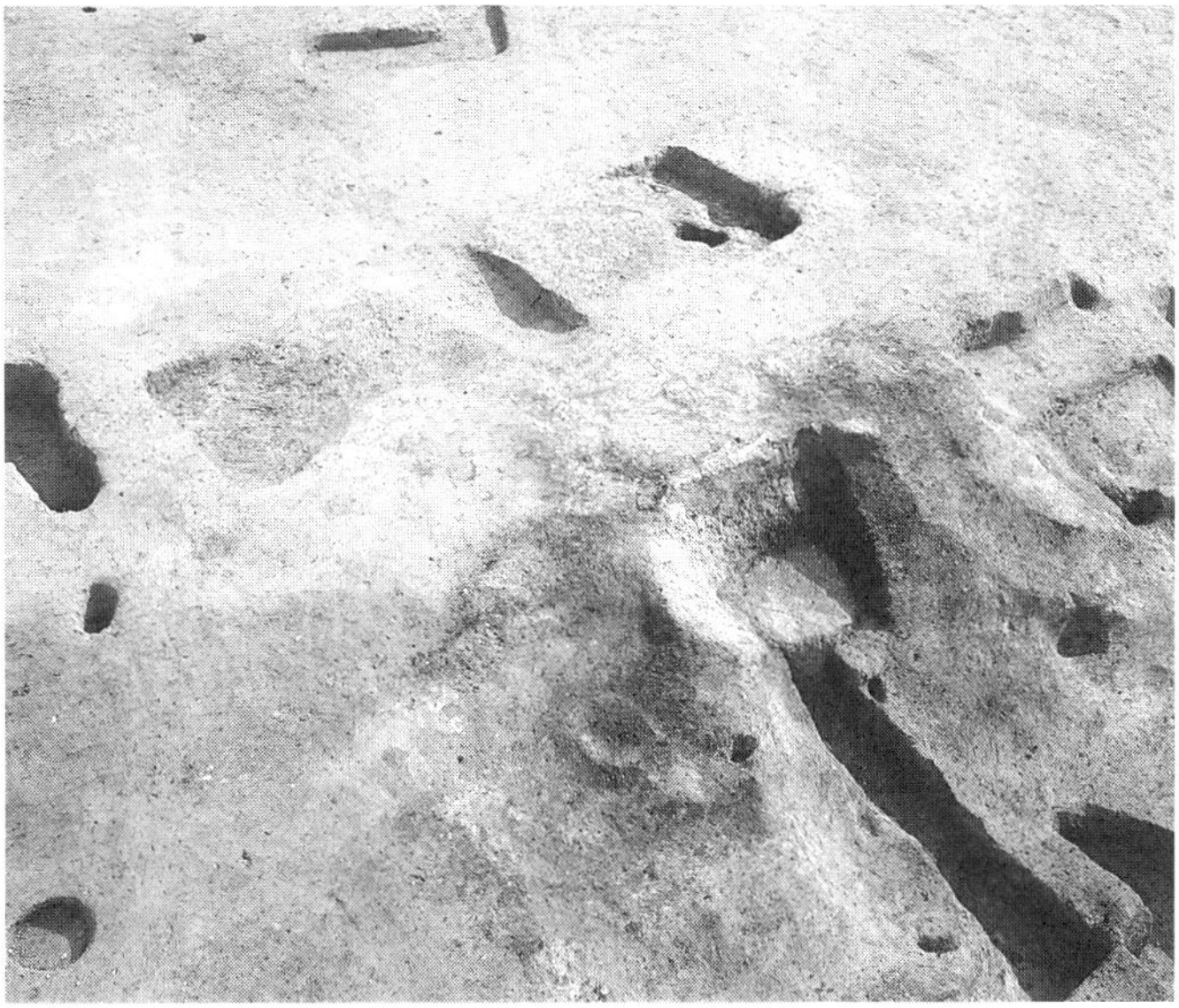

写真9　第2段階の溶解炉（滋賀県教育委員会提供）

このようにきれいな状態で見つかるということは非常にまれです。さらには、この工房一個、一個がきれいに見えるというだけのことではなく、これらが列をなして二十基以上整然と配置されていることがわかったのです。このような大規模な工房は、他にほとんど例がないことから、調査当時非常に注目されました。

文字資料も出土しました。須恵器の蓋に「二竈領《にのかまどのうながし》」と墨書きされたものです。「二」というのは、一があったり三があったりするわけです。ですからたくさんのなかの二番目という意味。「竈」というのは、東大寺から出土した木簡にも類例がありますが、銅の溶解炉という意味。「領」というのは担当する役人という意味です。つまり、二番目の溶解炉を担当する役人というように書かれているということになります。まさに、遺構を示すような文字資料が出土したのです。

このほかには、たくさんの溶解炉の破片や鋳型、銅などが出土しています。

写真10　「二竈領」墨書土器
（滋賀県教育委員会蔵）

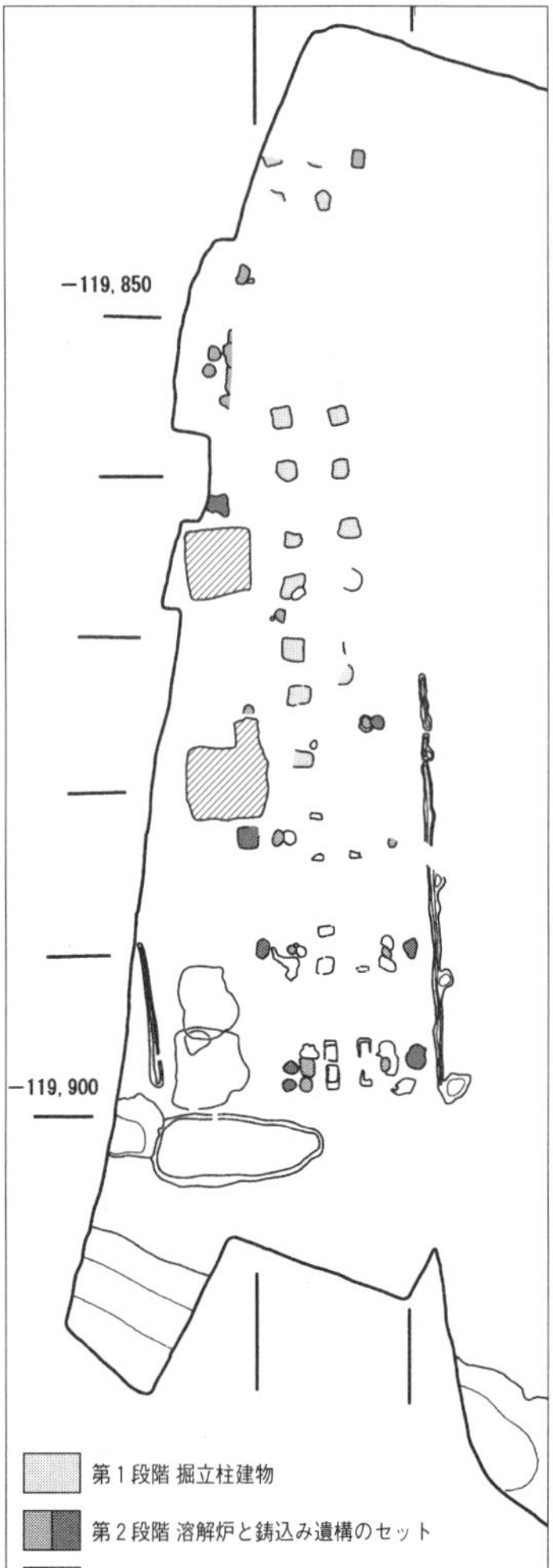

図３　鍛冶屋敷遺跡遺構変遷図（部分）

写真11　鍛冶屋敷遺跡出土遺物（滋賀県教育委員会蔵）

図4に鍛冶屋敷遺跡での鋳造作業をイラストにしてみました。一個、一個の工房はこのようになっていて、全体で見ると非常に大規模な操業をおこなっているということがわかるのです。実際にこの遺跡を見てみますと、個々の工房間は等間隔で配置されており、お互いに干渉し合うことはないのです。すべての工房が用意ドンとばかりに同時につくっていたわけではないとは思いますけれども、短期間のなかで、お互いそれぞれの場所のなかで作業を完結させていくというようなことがおこなわれたと想像できるかと思います。

こういった鋳造工房を発掘調査すると、非常に錯綜して、雑然といろいろなものが出てくるということが一般的です。これはおそらく、敷地の中で空いている場所を使いながら、あまりたくさんの工人集団が入るとその一部門だけで占有してしまいますので、一組程度の工人集団が長い期間そこで操業するというようなことが行われたと考えられるのです。

例えば百個のものが一つのお寺で必要だった場合、一組の工人集団が一年で二個の製品をつくれるとすると、五十年かかるというわけですね。鍛冶屋敷遺跡の場合は、百個必要だが二年間で揃えたいので五十組の工人集団を呼び集めるというようなかたちで、一気につくらせたのではないかと考えられるのです。つまり、何らかの理由があって、非常に急を要したということがいえるでしょう。

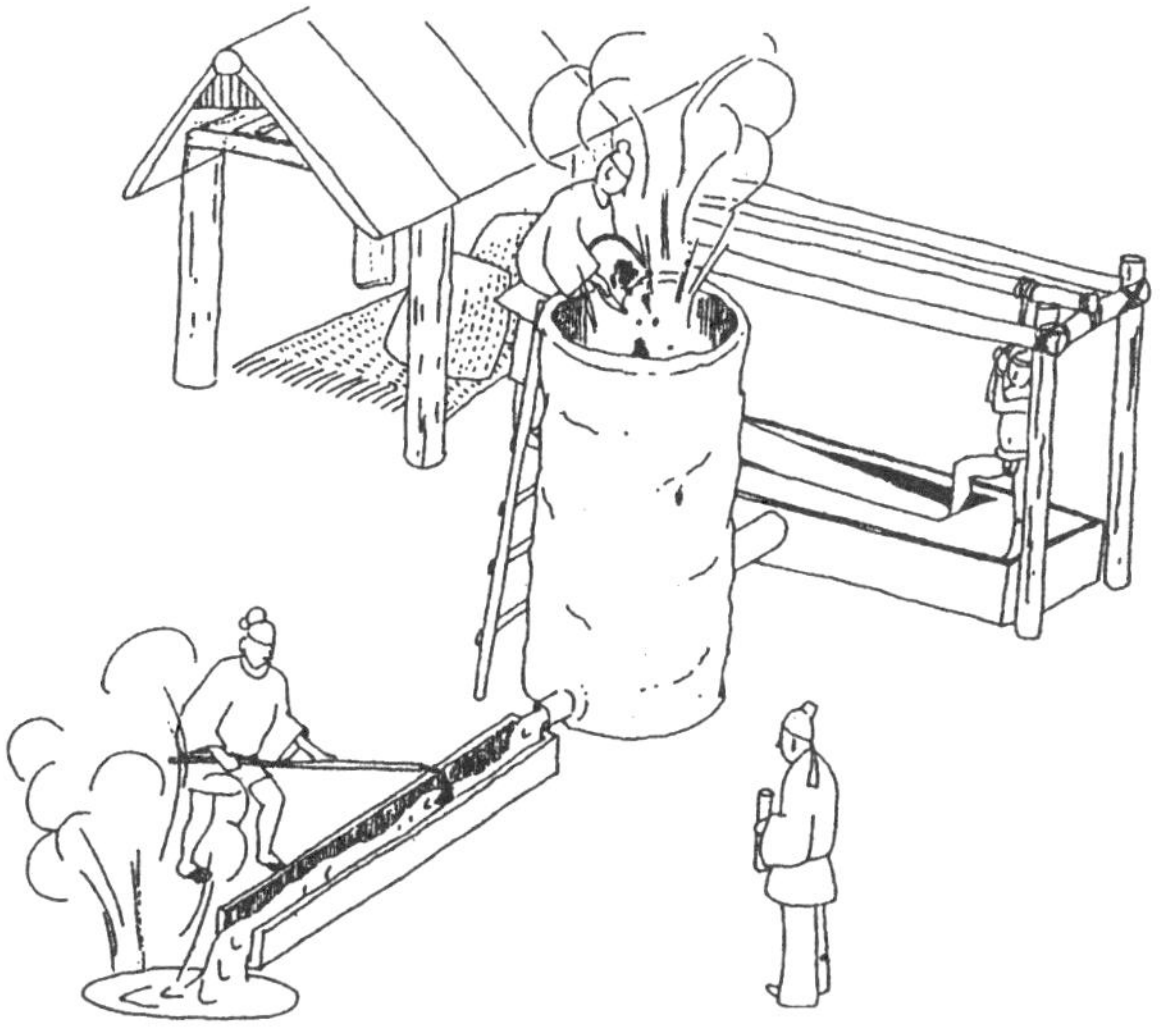

鍛冶屋敷遺跡における鋳造想定図

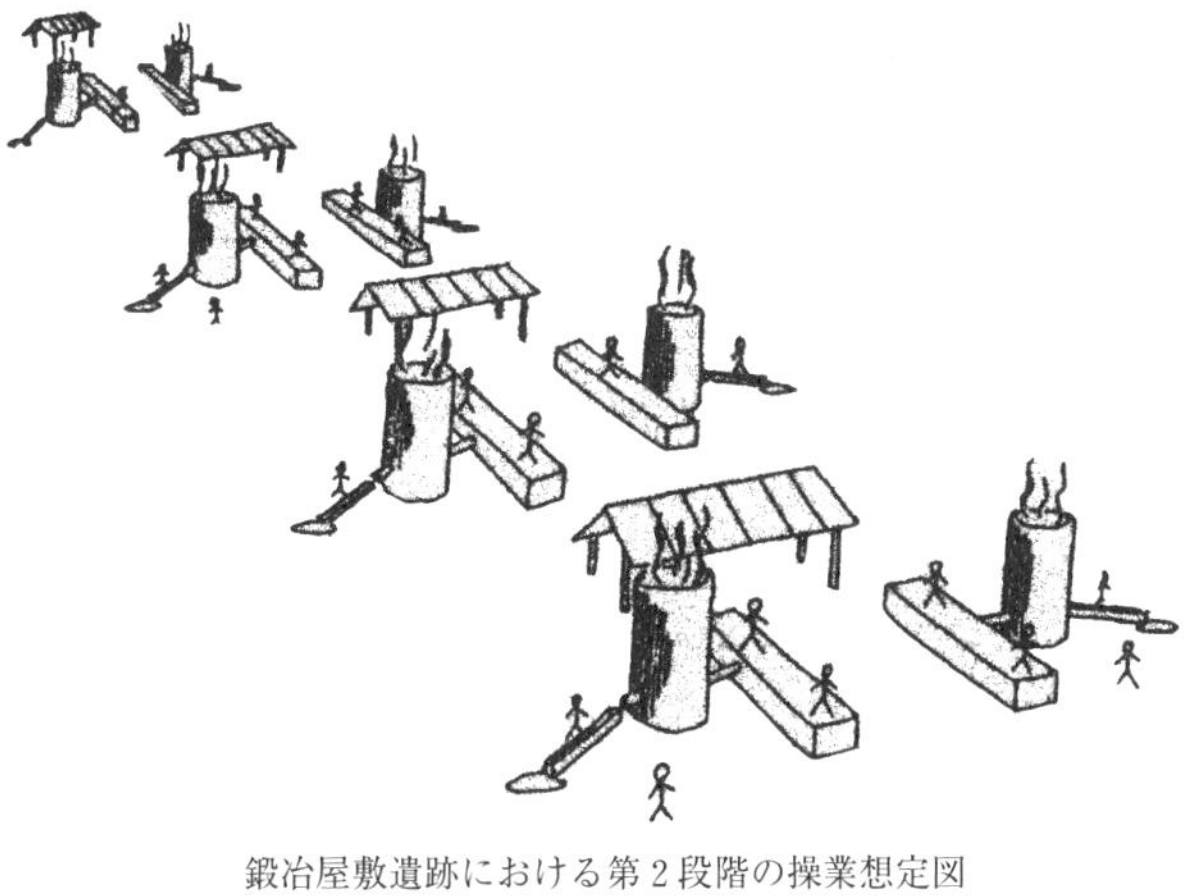

鍛冶屋敷遺跡における第２段階の操業想定図

図４　鍛冶屋敷遺跡操業イメージ

鍛冶屋敷遺跡の調査成果

最後になりますが、鍛冶屋敷遺跡の調査成果はいったい何だったのかについてふれます。

他に例のない大規模な鋳造遺跡でしたが、冷静に見てみると、約六千平方メートルを調査したにもかかわらず、大型の銅製品を鋳造する工房しか見つけられなかったのです。

お寺をつくるときには、鍛冶屋敷遺跡で鋳造していたような大型品の銅製品ばかりではなく、小さい銅製品も必要、釘も大量に必要、製材や加工も必要、瓦も必要ですしいろいろ挙げていけばきりがないわけですが、たくさんの工房を必要とするにもかかわらず、一部分しか見つけられなかったのです。全体像がどれほどまでに大きかったかを想像することは困難です。しかも、それが非常に特異なあり方をしているのです。発掘調査では甲賀寺造営全体から見ると氷山の一角を垣間見たに過ぎませんが、だからこそ、このプロジェクトはいままでの常識を覆すようなものであったことが明らかとなったのです。

紫香楽における大仏造営とその背景

鍛冶屋敷遺跡の調査成果から、極めて短期間で操業をおこなわなければならない何らかの理由があったことがわかりました。その理由が何なのか、最後にお話ししたいと思います。

急ぎ造営された甲賀寺

そこで、表2の東大寺伽藍造営年表を再びご覧いただきましょう。東大寺の伽藍がどのようにしてつくられたか、どこまでできればお寺と認めていいのでしょうか。本尊があり本堂ができれば最低限の体裁を整えたというふうにいわれますけれども、東大寺の大仏さまは七五二年に開眼した際の状況をみてみましょう。

堂舎は先にも述べたように必要最低限の大仏殿と中門、東塔しかありませんでした。当初大仏像全身に塗金しようとしたようなのですが、この時点では顔だけでした。また、仏像の背中に取り付けられている光背はできあがっていませんでした。つまり、寺としての体裁を最低限整えた程度で、かつ大仏の荘厳もできていない状態で、開眼会が執り行われたのでした。これらのことから、何が何でも七五二年に開眼会を執り行いたいという理由がどこかにあったはずということになるわけです。

この七五二年とはどのような意味があったのでしょうか。

造営を急いだ理由

やはり仏教そのものと関係がありそうです。仏教公伝といえば、現在五三八年という説と、五五二年という説が知られています。そのなかで、最近では五三八年説が正しいのだというようなことが言われているかと思います。その五三八年説は『元興寺縁起《がんごうじえんぎ》』から取ったもので、五五二年説は『日本書紀』に書かれているものです。では、何故正しくないにもかかわらず『日本書紀』の編纂者は五五二年公伝と書いたのでしょうか。

大仏造顕の詔を出した天平十五年（七四三）の正月に「像法中興《ぞうほうちゅうこう》」を誓ったというのです。仏教では「正」、「像」、「末」という三つの時間があると言われていまして、お釈迦さまの教えがちゃんと守られているときを正法、その後が像法。その後は神も仏もありはしない末法だといわれます。ちなみに諸説あるのですが日本では、末法は一〇五二年からです。つまり、像法のはじまりもしくは半ばが五五二年で、『日本書紀』の編纂者はその年に仏教が公伝したと記し、聖武天皇はその二〇〇年後である七五二年に像法の世に大仏を造ることにより仏法を興隆させようと目論んだと推測できるのです。ですから聖武天皇は、何が何でも七五二年に開眼会をしたかったのでしょう。

開眼会は七五二年の四月九日でした。ほんとうは前日に開眼会を執り行いたかったのですが、聖武天皇の体調が悪くて一日ずらしたのです。では何故四月八日であったのかというと、お釈迦さまの誕生日だったからなのです。

ですから、天平十五年（七四三）に大仏造顕の詔を出した時点で、七五二年の四月八日に開眼会を執り行うことがあらかじめ決まっていたのだと推測することができます。いわば一〇年計画の事業ですから、鍛冶屋敷遺跡の調査成果からうかがわれるように、聖武天皇は国中の富と力を結集して短期間の内に事業を進めていくという計画をたてたのではないか、このように考えることができるわけです。

おわりに

鍛冶屋敷遺跡の調査をはじめとする近年の調査・研究からは、紫香楽における大仏造営事業の全体像はうかがい知れないまでも、大仏造顕にかける聖武天皇の意志というものを垣間見ることができるようになったのではないか、と思われます。

なぜ紫香楽で大仏を造ることになったのか、その後の紫香楽がどうなったのかなど、まだまだ考えなければならない問題があるわけですけれども、鍛冶屋敷遺跡をはじめとした遺跡の調査やそれらをとりまく問題を考えていくことによって、従来の固定化された聖武天皇のイメージから脱却して、政治史、文化史のなかであらためて評価する素地を提供することができたのではないかと考えています。

紫香楽に関する調査・研究はこれからも続きます。今までと同様に温かく見守っていただければと思います。

討論

パネラー／遠山　美都男
大﨑　哲人
畑中　英二
コーディネーター／大橋　信弥
（滋賀県立安土城考古博物館）

○東国行幸の計画性をめぐって

大橋　今回の企画展は、遠山先生が以前に書かれた『彷徨の王権　聖武天皇』をかなり参考にさせていただいたわけですが、本日のご講演の冒頭で、実は考えが変わったと発言されまして、少し慌てたのですが、先ほどお聞きしたところによりますと、今日のお話は、現在執筆されている新しい本に関わるということで、本日はその一端をいち早くお聞きできたということで、ちょっぴり得をしたと思っています。そういうことで、早速はじめたいと思います。

手元にいくつかの質問をいただいておりますが、それぞれにお答えしていきますと、時間も余りありませんので、混乱を避けるため、私のほうで少し整理させていただき、討論の流れのなかに含め進めていきたいと思います。

まず東国行幸について取り上げたいと思います。従来、九州での藤原広嗣の反乱に驚いた聖武天皇が、衝動的に彷徨の旅に出たという説が有力だったわけですが、近年では逆にかなり計画的な、あるいは非常に信念を持った行動であったという説が受け入れられつつあります。

ご質問の中にもあったのですけれども、東国行幸の出発の前に出された聖武天皇の詔に、そういう計画的なことが述べられているのか、いないのかというのもございますので、それについて、まず遠山先生からお願いします。

遠山　あれはあくまでも、藤原広嗣の乱を鎮圧するために九州に出向いた大野東人に、出したメッセージ。その時に非ずと言えども、止むを得ずというか、そういうふうに言って東国行幸に出るのですが。

大橋　天皇の詔のなかに、「朕、意う所有るに縁りて」という表現がありますね。

遠山　「朕、意う所」というのが、紫香楽における大仏の造立ということだと、私は了解しておりますけれども。将軍にびっくりするな、驚き怪しむことなかれと言っているわけで。

大橋　この詔では、将軍に東国行幸のことを驚かないようにと述べていますから、こうした計画は、当時の朝廷の中でも知る人は多くなかったのでしょうね。

遠山　貴族一人ひとりに知れわたっているといいますか、細かなところまで伝えられるような計画ではなかっただろうと思います。

大橋　遠山先生のご講演の大きな論点である、聖武天皇の皇統意識の問題などについては、また後ほどお話しいただくとしまして、東国行幸の計画性を示すものとして、大﨑さんから膳所城下町遺跡の大型建物のあり方が指摘されておりますが、行幸に関係する遺跡で、他にそういった証拠になるような遺跡は見つかっているのでしょうか。

大﨑　東国行幸の計画性を示すものについては、まだ見つかっていない状況ですが、近年では三重県の一志郡白山町で河口頓宮推定地周辺の調査が地元教育委員会と三重大学で行われたりしていますので、今後の調査の進展が期待されます。こういった発見というのは、触発されたように続いて出てくることもあり、また、すでに発掘調査されていたものでその位置付けがよく理解できなかったものが、こういった調査の結果を踏まえて見直すことで、頓宮の可能性もあるのではといったことも出てくるかも知れないですね。

大橋　今回膳所城下町遺跡で見つかりました大型建物の場合、遺構の性格からあまり出土遺物も多くなく、存続した期間などの確定に苦心されたと思いますし、建物の機能を示すような遺物も少なかったように思います。今後こうした遺跡の調査がすすむことにより、多くのことが解明されるとは思うのですが、膳所城下町遺跡の場合は、非常に大きな建物が出てきました。短期間しか使用しない頓宮でこんな大きなものを建てていたら、たいへんかなという気もするのですが。

大﨑　そうですね。最初に調査で巨大な掘立柱建物跡が出てきた時は、どう理解していくべきなのか判らなくて、いろいろな先生方の意見をうかがいながら慎重に作業を進め、禾津頓宮の可能性が高いという考え方に絞り込んでいきました。

頓宮がこんなに大きいはずがないといったご意見もありましたが、規模と構造に見える格式の高さや時代などを考えて、一番妥当性が高いのが禾津頓宮とする考え方だと思います。

また別な視点から膳所城下町遺跡の大型掘立柱建物を評価された先生もおられまして、大阪市立大学の栄原永遠男先生は、東国行幸というのは、『続日本紀』の記事そのものから計画的にとりおこなわれていたものだと考えられることから、その前提にたってみれば、膳所で見つかった大きな建物というのは、禾津頓宮と考えていいのではないかとおっしゃっておられます。

東国行幸は計画的なものであったから膳所で見つかった建物は頓宮と考えていいということで

す。頓宮の建物が非常に立派な建物であることが明らかになったから東国行幸は計画的なものと考えてよいとする考え方とは逆の発想で、なるほどそういう考え方もあるのだなと思ったことがあります。

大橋　膳所城下町遺跡に関連いたしまして、この場所が壬申の乱で最後の決戦がなされた瀬田橋に近く、戦乱の記事に見えます「粟津市」とか、「粟津岡」に関わるという指摘もありましたが、遠山先生のお話のなかでは崇福寺におまいりした話とか、その辺りのことを省略されておられたように思います。東国行幸において、粟津に泊まり、近江大津宮の跡地と、崇福寺跡へ聖武天皇が行ったということ。それと膳所城下町遺跡の建物が非常に立派だったということと、何か関連はあるのでしょうか。

遠山　一一〇ページの〔資料8〕のほうに書いてございますが、禾津頓宮に滞在中に、聖武天皇が崇福寺におまいりしているのです。これは通説のように、聖武天皇が自分のことを天武天皇の直系というふうに考えていたとすれば、ちょっと理解しがたい行動になります。

なぜ天智天皇がつくったといいますか、天智天皇にゆかりの深い崇福寺に行くのか。どういうふうに解釈していいか困ってしまうところだと思うのです。ところが私のように、聖武天皇というのは文武天皇直系というように自認していると。天皇としての文武天皇の権威とか正当性というのは、天智天皇が源といいますか、天智天皇によってそういうものが保証されているという側面があるのだと。

さらに天智の、天皇としての権威とか正当性は、その前の大王《おおきみ》である斉明女帝によって、保証されているという関係があるのです。先ほど文武天皇が越智山陵と山科山陵をつくったという話に関連することがらなのですけれども。

私の考えでは、聖武天皇はこの文武皇統の正当な継承者であり、その文武の、天皇としての権威と正当性はすべて天智天皇によってもたらされているというか、保証されているわけですから、そのお寺におまいりするのは当然というふうに、計画的な行動のなかで、そこはぜひとも立ち寄らなければいけない場所だったというように考えることができると思うのです。

○恭仁京の構造と遷都の目的

大橋　東国行幸の計画性の話は、後ほどまた戻ることもあるかと思いますが、次に恭仁京の問題に移ります。聖武天皇の計画のなかでは、東国行幸の終着地は恭仁で、そこで都を造営してから、紫香楽へということになると思いますが、恭仁京そのもののもつ問題を、畑中さんは一部省略されたように思います。何か補足的なことがあればお願いします。

恭仁京の造営は、開始から三年目の、天平十五年十二月、突然停止になりますね。そのあと遷都についてのアンケートがあり、難波へ行幸することになります。それからまた紫香楽へ聖武天皇が行ってしまうということになりますが、難波宮とのからみも含めて、お話しいただきたいと思います。

畑中　恭仁宮のことについてですね。そもそも宮というのは、大きく二つに分かれております。半分が朝堂、今で言う国会議事堂のようなものです。もう半分が内裏、今で言う皇居のようなものです。これらが一体化したものを宮と読んでいます。恭仁宮の前半分にあたる朝堂については、平城宮や難波宮などとさほど変わらないわけですが、後ろ半分にあたる内裏地区の構造に特徴があります。ここには非常にドロドロとした橋田壽賀子のドラマのようなものがあるのです。普通は宮には天皇のための内裏が一つ設けられているのですが、実は恭仁宮には、内裏東地区、西地区といいまして、左右対称に二つ同じものが並んでいる。おそらく聖武天皇のためのものと、聖武天皇の叔母でもある元正太上天皇のものではないかと推測する説があります。

当時の元正太上天皇と聖武天皇は、あまり一緒にいないのです。常に追いかけっこというか、逃げ合いをしておりまして、聖武天皇が紫香楽にいるときには、元正太上天皇は難波宮。難波に聖武天皇が追いかけていって、ようやく元正太上天皇を紫香楽に連れてくる。でもまた恭仁へ帰るというようなことがあり、どうもこの二人の関係、それとこの二人についていた藤原氏や橘諸兄たちの関係というのが、この彷徨五年の大きな一つの流れを構成していくというふうに考えられるのです。そういった政治史にあらわれている事柄が、考古学的に発掘された遺構からもうかがえるというような状況があります。

大橋　この前の直木孝次郎先生のご講演にもお見えになった方もあると思いますが、直木先生は、難波宮と紫香楽との関係を、ひとつには光明皇后と元正上皇との、嫁姑の関係が考えられるという話をされております。恭仁京の造営が中止になって難波に行幸したことについては、遠山さんはどのようにお考えですか。

遠山　いま書いている本ではまだ十分に考えていないのですけれども、一九九九年に書いた『彷徨の王権　聖武天皇』では、聖武天皇というのは紫香楽で盧舎那仏を立ち上げるというのが究極の目標だったと理解しています。

ところが、各方面から反対や批判があり、特になぜ首都平城京に帰らないのだ、平城京があるのに、なぜそちらに戻らないのだと、そういう批判を浴びせられた聖武天皇が、都に帰れ、帰れというけれども、都はまだ恭仁もあるし、難波にもある、平城京だけではないぞというんで。

何が何でも、平城には帰りたくないという、その一念で難波に行ったようなことを六年前には書いたのですが、ちょっといまは、それはきついかなと思っていまして。畑中さんが、中国の都洛陽のお話をされて、中国の複都制というのがモデルになっているというお話がありましたが、都のあり方とか、どの都に王権を構成するどのような人を置くかということに関しても、やはり中国の例というのがモデルになっているのではないか。

先ほど畑中さんが、元正太上天皇と聖武天皇の追いかけっこというふうにおっしゃいました。たしかにこの二人が、お互いを避けているように見えなくもないけれども、別の角度から見ると、そうではないとも思えるのです。たとえば今日でも、天皇陛下と皇太子殿下は同じ飛行機には乗りませんよね、絶対に。それは万一の場合を考えてのことで。

だから複数の都があったなら、それぞれの都にはやはりしかるべき人物が、つまり太上天皇、天皇、皇后といった王権を構成する人物がそれぞれ分かれて配置されるということもあるのかなと、お話を聞いていて思ったのです。中国の例がモデルになっているというのは、この問題を解く上でたしかに重要な視点だと思いました。

○なぜ紫香楽で大仏は造られたのか

大橋　恭仁京の話をしていただきましたが、当然その先には紫香楽があります。なぜ紫香楽なのかというところへ入っていきたいと思います。今日のお話のなかで、聖武天皇の東国行幸の大きな目標として大仏造営があり、その大仏を紫香楽につくろうというふうに考えたのはなぜなのか。紫香楽は甲賀郡にありまして、近江国に含まれております。大仏造営の地が考えられた時に、聖武天皇の頭の中には「近江」あるいは紫香楽でということがあったのかということも含めて、畑中さんいかがですか。

畑中　紫香楽が、近江のなかでどの様な位置づけにあるかということですね。もともと琵琶湖の周辺地域を総称して近淡海、つまり近江という地域名（国名）がついているわけです。ですが、近江国で十二郡あるうち、唯一琵琶湖に面していないところ、それが甲賀郡です。

ただ甲賀郡は琵琶湖に面していないのですが、野洲川上流域ということなので、琵琶湖に面する野洲郡と結ばれるということでいえば、一応ぎりぎりセーフかなということになります。しかし甲賀郡のなかで唯一仲間はずれになる地域があります。山にさえぎられ、川がぜんぜん違うほうに流れていくところ、それが紫香楽なのです。ですから、紫香楽は近江のなかでもちょっと変わったところということになります。南山城とか伊賀との接点という意味合いにおいては、質的には非常に重要なところではあるのですけれども、近江地域の中では、ひとり浮き上がった地域になるのです。

そういったところに紫香楽があるわけですが、ではなぜ紫香楽で大仏を造ることになったのか、という点を『続日本紀』に掲載されている記事を時系列に並べた上で考えてみます。まず恭仁から二〇キロ圏内というロケーションが挙げられます。まず洛陽城のような都をつくろうとして、木津川を挟んで恭仁宮を造営する。そこから龍門のように一日で行けるところ、つまり、二〇キロ圏内ぐらいの場所をというような発想で大仏造営地を選定する。

そのなかでさらに絞り込んでいって、地形的にも東国方面にすっと行けるなどといった立地条件と、それに加えて場所の神聖性などという条件があって、紫香楽が選ばれたのではないかと想像します。

場所の神聖性などといった抽象的なことを具体的に論証していくのは非常に困難ではありますが、いくつかの傍証を挙げることができます。甲賀寺・紫香楽宮関係の遺跡のあるところというのは、甲賀市信楽町の北端、つまり旧雲井村に限定されています。もともと「雲井」という地名は「カムイ」と呼ばれていたのではないかと言われており、神聖な場所だった可能性を想定するのです。実際に山岳宗教が非常に盛んなところでもありますので、こういった点を背景に紫香楽が選ばれた可能性というのを考えてみてはどうかというのが、私の意見です。

大橋　遠山さん、なぜ紫香楽だったかというところをちょっとお願いします。

遠山　これは聞き流してもらいたい話なのですが、近江のなかで甲賀郡というのは、唯一フィールドが違うというか、ちょっと仲間はずれ的な感じがありますが、ただ聖武天皇にとっての甲賀郡ということを考えると、やはり壬申の乱というのが、一つの回路として想定できるのではないかと思うのです。

紫香楽のすぐ近くを壬申の乱のときに高市皇子が通っているはずといいますか、大津の宮から紫香楽の近辺を抜ける、伊賀の柘植のほうに抜ける道を高市皇子は一晩で駆け抜けた。そして吉野から東国に向かう天武天皇一行に、予定より一日早く合流というかたちを取るのです。そのへんを高市皇子が通ったことで、王権と甲賀ということがまた新たな縁を結ぶといいますか、そのようなことがあったのかなと、ちょっと想像しているのですが。

大橋　ではいよいよ大仏の問題へ移っていきたいと思います。今日は畑中さんから具体的に、紫香楽で大仏がどの場所でどこまでつくられたのかということを、かなり踏み込んでお話しいただきましたけれども、もう少し補足されることはございますか。

畑中　先に申し上げた通りですが、紫香楽において大仏を造営しようとした場所が特に問題になろうかと思います。結論的に言えば、現状で見る限り、可能性が一番高いということに留まります。絶対にここでなければならないというのことではないのです。低地部で痕跡の残らないところであれば、僅かではあるものの可能性はあるかも知れないですし。

大橋　甲賀寺跡（史跡紫香楽宮跡）の周辺部で、大仏殿を造営するとなると、先ほどの話でもありましたように、現在の寺地の大半を取ってしまいますね。他の堂舎を造営する場所は、どのようになるのでしょうか。最初から紫香楽では大仏だけをつくろうと考えていたのでしょうか、大仏ができたら一応目的は達したということで、聖武天皇は平城京へ帰ろうと思っていたのでしょうか。

結果的には、紫香楽で大仏は完成しなかったのですが、その最終目標というか、聖武天皇の構想では、現在の東大寺のようなものだったんでしょうか。それとも大仏殿だけをつくるのが目的だったんでしょうか。

畑中　これも、大仏を造営しようとした場所がどこであるのか、という点にかかわってくる問題です。いま考えやすいところとして甲賀寺跡で、これ以上の造成をせずに、大仏を造営しようとしたならばという話になりますと、現在の東大寺とはちょっと伽藍配置が変わってくるに違いないということにはなりそうです。

丘陵の横幅が狭いものですから、東大寺式の伽藍配置をそのままもってくるのは難しいことになります。地形を念頭に置くと、甲賀寺段階から東大寺段階に向けて計画の変更というのは余儀なくされているのではないかというふうには思います。ただ、大仏造営後、他の堂舎を造る際に、あらためて大規模な造成をすれば問題なく東大寺式の伽藍配置ができあがります。この点については、初期段階で頓挫しているのでわからないのが現状です。

大橋　そこで紫香楽宮の問題ですが、もともといわゆる離宮的なものであって、宮都として造営することが目的ではないとするなら、恭仁京の造営が停止され、紫香楽宮の造営に集中するみたいなことになると、畑中さんが言われた、恭仁が洛陽、紫香楽が龍門というような関係がどのように解釈できるかということです。もともと紫香楽に宮を造る計画があったのか、恭仁京の造営停止と紫香楽宮の造営、聖武天皇の構想における紫香楽宮の位置付けみたいなものですね、そのへんのことについて、もし何かお考えがあるようでしたらお願いします。

畑中　天平十五年（七四三）の秋に、いろいろなできごとが起こります。九月二十一日に甲賀郡の調庸を畿内に準じる。十月十五日に大仏をつくりますといって、翌日に財源を確保する。それを受けて、十九日から実際の行動に移るということなのです。非常にわかりやすく事業が進んでいます。

そこで、実際に甲賀寺での大仏造営が動き出したのだけれども、恭仁宮の造営を、どうするのかという話が、きっとあったのではないかと思われるのです。恭仁宮もできあがっていない状況で、このまま紫香楽に引きこもりつつ恭仁宮と甲賀寺両方の造営を同時にやるのかといったことが問題になったのでしょう。今風に言うと、公共事業に対する財源をどこから捻出して、合意を得ていくのか、というようなところが決まっていなかったのではないでしょうか。

こういった話をうけて、どうしても恭仁宮をつくりたいわけではなく、その先にある大仏を何がなんでもつくりたいのだという流れになって、恭仁宮の造営停止というものが余儀なくされたのだろうと想像しております。

○聖武天皇の皇統意識と東国行幸

大橋　恭仁京との関係が出てまいりましたが、遠山先生はご講演の中で、東国行幸が天武天皇の追体験、壬申の乱を追体験をすること、そのあと文武天皇の皇統の再建を図るというような大きな目的があったというなかで、その終着は恭仁京であったということをお話しされたような気がいたします。恭仁が選ばれた理由としては、やはり先に紫香楽が決まっていて、中継地点として恭仁が決まったと理解してよかったのでしょうか。

遠山　最初に紫香楽ありきというふうに私は考えています。まずは紫香楽が決まり、その近隣の恭仁というのが出てくる。その恭仁は、聖武天皇の寵臣というか、重臣の橘諸兄あたりが進言したのではないかと思います。

大橋　紫香楽宮の話に関連して、大仏の造営目的の問題に移りたいと思います。東国行幸の最初からの目標が大仏造営であったと、遠山先生は、ご講演の最後のところで、ちょっと触れられていたと思うのですが、そして聖武天皇の後継には、文武皇統の塩焼王が考えられたというようなお話もされたと思います。聖武天皇が大仏造立を思い立ったのは、そうした文武皇統の再建という構想から、もともと出発したのか、畑中さんが少し触れられた、いわゆる仏教渡来二百年と何らかの関係があったのか、そのへんのことについて何かご意見はございますか。

遠山　もちろん仏教が一番のベースになければ、こういう企画自体もちろん立ち上がらないわけでありまして、盧舎那仏というのが「文武皇統」の守り神だという意味合いも込められていたのではないかというのが、これは逃げになりますけれども、聖武天皇自身はそういう思いを込めてつくったのではないかという意味での仮説として、今日は申しあげたのでありまして、もちろん仏教の思想と文化、そういったものがベースにあるというのは否めないというか、間違いないところだと思っています。

大橋　遠山先生の本日のご講演は、テーマのこともありまして、どちらかというと、東国行幸でも前半の部分のお話が中心で、天智天皇、天武天皇との絡みのところを中心にお話いただいたのですが、文武皇統の再建ということと、大仏造立がどのように関連するか、みなさんももう少し具体的にお聞きしたいところだとは思います。そうした点については、おそらく今度書かれる本のほうで、着々と準備されていると思いますので、それを楽しみにしたいと思います。新しい切り口で書いていただけるのではないでしょうか。

話が行幸の先の話になってしまうと、大﨑さんにはあまり発言していただけないのですが、皆さんそれぞれの論点に関わる話はしていただいたと思いますので、次にご自分のお考えと、ほかのかたの論点に関わる質問などありましたら、お出しいただきたいと思います。いかがでしょうか。

大﨑　紫香楽宮の整備と近江の関係なのですが、紫香楽宮を新京として大楯槍を立てたものの、紫香楽宮の造営が途絶えることになった年が七四五年です。その年は、藤原仲麻呂が近江の国司になった年なのですが、紫香楽宮の近江のなかでの位置付けと、近江の国司として近江国に宮なり大仏なりが来ることについてはどういったものだったのでしょうか。橘諸兄との力関係も含めて、そのへんのことで教えていただきたいのですが。

遠山　藤原仲麻呂が、近江国司として紫香楽以外の場所で。

大﨑　紫香楽宮の造営に対しての何か国司としての違う考えであるとか、紫香楽宮の造営と藤原仲麻呂との関わりといったものはあるのでしょうか。

遠山　たしかに近江の国司としては、大きな公共事業があれば、それだけ聖武天皇というか、王権との密着度がより強まりますので、願ったり叶ったりの話だと思いますけれども。

大橋　東国行幸では、藤原仲麻呂はたしか騎兵隊の隊長として参加していますが、藤原仲麻呂はこの時点では、政治的に大きな力を持っていなかったんですか。

遠山　この時期だと橘諸兄のほうが完全に上ですね、圧倒している段階だと思うのですけれども。

大橋　まだちょっと政治の表舞台には出てこないところですか。話は少し戻りますが、皇位継承の問題と関連して、会場からの質問のなかに、「不改常典」についてのものがありましたが、「不改常典」は実際天智天皇が定めたもので、現実的に存在したものなのでしょうか。

遠山　もちろん口頭で出された法であるということ、いわゆる成文法ではないと思いますけれども、間違いなく実在したものだと考えます。というのは、よく言われますね、元明天皇なり、あるいは藤原不比等が自分たちの都合で捏造したものであると。つまり自分たちの政治的な目的を達成するために、そういったものがあったのだというふうに話をこしらえたとおっしゃる方も多いのですけれども、当時の貴族たちは、そんなもので説得されるはずがないというか、丸め込まれることはないと思うのです。

ありもしないものをあったんだよと言われて、当時の貴族が全員納得するはずがないと、何よりも思いますので、そういった何らかの実態のあったものを元明天皇が、自分の即位にあたり持ち出したのだと思います。

ただそれは、一般に言われているように、元明女帝自身の即位を正当化するために、天智天皇のつくった法というのが持ってこられているのではないのです。あくまでもこれは文武天皇の正当化なんですね。

文武天皇の即位を正当化するものとして、かつて天智天皇のこういう法があったというように元明天皇は言っているわけで、ちなみに元明天皇は天智天皇の娘なのです。

つまり彼女が、私の亡き父上がつくられたあの法と言えば、当時の貴族はみんな、あ、あれだというふうに了解できるものだったということです。それは皇位継承の改革案といいますか、新しい「皇位継承法」というものだったと考えています。

大橋　本日のご講演で、遠山先生は、聖武天皇にとっての、文武皇統の重視、その意義というものを非常に強調され、それが東国行幸と深くかかわるというお話をされたと思います。

東国行幸については、従来言われていた、藤原広嗣の乱を避けて、ある意味逃げ出すように東へ向かったとか、いろいろな説がありましたけれども、近江の聖武天皇に関わるいくつかの遺跡の調査が進んでまいりまして、東国行幸の内容の理解も豊かになってきたと思います。

こうした調査は、いろいろな機会に、これからもますます進んでいくと思います。頓宮の内容についても、いまだ膳所城下町遺跡だけが明らかになっただけですが、これから先、近江をはじめ美濃・伊勢などでも、そういうものが次第に明らかになっていくと思います。

また、争点である、恭仁京や紫香楽宮、甲賀寺の実態もさらに解明されていくと思います。そうしたことにより、本日のお話もさらに深まっていくと思います。

それではこのあたりで終わらせていただきたいと思います。本日はどうもありがとうございました。

■関係年表

西暦	年号	天皇	国内事項	東アジア世界
六七二	天武元	天武	六 大海人皇子、吉野から東国へ。高市皇子・大津皇子が合流し壬申の乱勃発。七 大海人皇子の軍勢が近江・大和に進攻、大友皇子は自殺。九 大海人皇子、飛鳥に入り飛鳥浄御原宮を造営。	
六七六	五		長屋王誕生。	六七六 新羅、朝鮮半島統一
六八一	十		二 律令の制定を命じる。草壁皇子立太子。	
六八三	十二		十二 諸国の境界を定める。複都制を行い、難波宮造営を命じる。	六八四 唐、則天武后が中宗を廃し、実権を握る
六八六	朱鳥元	（持統）	九 天武天皇没。皇后（持統）、称制（即位せずに臨時に政務をみる。～六九〇年一月）	
六八九	持統三		四 皇太子（草壁）没。六 飛鳥浄御原令二十二巻を諸司に頒布。	
六九〇	四	持統	一 皇后鸕野讃良皇女、即位。七 高市皇子を太政大臣とする。	六九〇 唐、武后即位し国号を周と改める（～七〇五）
六九七	文武元	文武	八 持統、譲位。皇太子軽皇子即位。	
七〇一	大宝元		三 対馬嶋産金により大宝の年号を制定。大宝令の官制・位階を施行。六 大宝令を施行。この年、聖武・光明子誕生。	
七〇七	慶雲四	元明	六 文武天皇没。七 阿閇皇女即位。	
七〇八	和銅元		一 和銅に改元。二 平城遷都の詔（七一〇遷都）。三 藤原不比等を右大臣とする。	
七一四	七		六 首皇子、元服・立太子。	
七一五	霊亀元	元正	二 吉備内親王所生子を皇孫待遇とする。九 元明、氷高内親王に譲位。霊亀に改元。	

七一六	二		この年、光明子、皇太子妃となる。	
七一九	養老三		**六** 首皇太子、朝政を聴く。	七一九 唐、開元七年令公布。
七二〇	四		**八** 藤原不比等没。舎人親王を知太政官事に新田部親王を知五衛及授刀舎人事に任命。	
七二一	五		**一** 長屋王を右大臣とする。**十二** 元明太上天皇没。	
七二四	神亀元	聖武	**二** 元正、首皇子に譲位。神亀に改元。長屋王を左大臣とする。	
七二七	四		**閏九** 藤原光明子に皇子誕生。**十一** 皇子、立太子。	
七二八	五		**九** 皇太子没。	
七二九	天平元		**二** 長屋王、謀反の疑いをかけられ自殺（長屋王の変）。**八** 天平に改元。光明子立后。	
七三七	九		**四〜八** 藤原四兄弟（武智麻呂・房前・宇合・麻呂）、天然痘のために相次いで没。**十二** 大倭国を大養徳国と改名。玄昉の加療によって治癒した藤原宮子、皇后宮で聖武と対面。	
七三八	十		**一** 阿倍内親王立太子。橘諸兄を右大臣とする。**十二** 藤原広嗣左遷。	
七四〇	十二		**九** 藤原広嗣、玄昉・下道真備の排斥を求めて九州で挙兵（藤原広嗣の乱）。**十** 聖武、東国行幸へ出発。**十二** 恭仁京へ遷都。	七四〇 唐、楊玉環（のち、楊太真と号す）が玄宗の後宮に入る。
七四一	十三		**二** 国分寺建立詔。	
七四二	十四		**八** 紫香楽宮行幸（〜九月）。**十二** 紫香楽宮行幸（〜十五年一月）。	
七四三	十五		**四** 紫香楽宮行幸。**七** 紫香楽宮へ行幸（〜十一月）。**十** 大仏造立詔。甲賀寺の寺地を開く。**十二** 紫香楽宮造営のために恭仁京の造作を停止。	
七四四	十六		**閏一** 難波宮へ行幸。安積親王没。**二** 鈴印・高御座を難	七四四 唐、安禄山が范陽節度

西暦	年号	天皇	国内事項	東アジア世界
			波宮に運ばせる。紫香楽宮へ行幸（～十七年五月）。難波を首都とする。	使を兼任。突厥、滅亡。回紇（ウイグル）起こる。
七四五	十七		**一** 紫香楽を新京とする。行基を大僧正とする。**五** 恭仁京へ還幸。平城京へ遷都。**八** 難波行幸（～九月）。大養徳国金光明寺で大仏造立を開始。	
七四七	十九		**九** 大仏鋳造を開始。	
七四八	二十		**四** 元正太上天皇没。**七** 造東大寺司成立。	
七四九	天平感宝元 天平勝宝元	孝謙	**二** 陸奥国、黄金を献上。**四** 東大寺へ行幸。天平感宝に改元。**七** 皇太子阿倍内親王即位。天平勝宝に改元。**十** 大仏鋳造終了。	
七五二	四		**四** 大仏開眼供養会。**五** 良弁東大寺別当となる。	
七五六	八		**二** 橘諸兄が致仕（引退）。聖武、難波行幸。**五** 聖武太上天皇没。道祖王立太子。**六** 光明子、聖武の遺品を東大寺盧舎那大仏に献納。	
七五七	天平宝字元		**三** 道祖王廃太子。**四** 大炊王立太子。藤原仲麻呂を紫微内相とする。養老律令を施行。	
七五八	二	淳仁	**八** 孝謙、譲位。皇太子大炊王即位。藤原仲麻呂を大保（右大臣）とし、恵美押勝の名を与える。	
七五九	三		**十一** 保良宮造営開始。	
七六〇	四		**六** 光明皇太后没。	
七六一	五		**十** 保良京（北京）へ遷都。	
七六二	六		**五** 孝謙・淳仁が不和。**六** 孝謙、国家の大事を行う旨の宣命を出し、皇権分裂。	
七六四	八	称徳	**九** 恵美押勝、孝謙・道鏡に対し反乱を起こすが失敗。塩焼王を擁して近江へ逃れるが斬殺される。	

■執筆者紹介

直木　孝次郎（なおき　こうじろう）

一九一九（大正八）年生まれ

京都大学文学部国史学卒業　日本古代史専攻

大阪市立大学名誉教授

著書・論文

『日本古代国家の構造』一九五八年　青木書店

『古代国家の成立』一九六五年　中央公論社

『日本古代兵制史の研究』一九六八年　吉川弘文館

『飛鳥奈良時代の研究』一九七五年　塙書房

『古代河内政権の研究』二〇〇五年　塙書房

井上　一稔（いのうえ　かずとし）

一九五六（昭和三十一）年生まれ

同志社大学大学院博士課程前期修了　日本美術史専攻

同志社大学文学部教授

著書・論文

「京田辺市観音寺十一面観音像の周辺」『文化学年報』五四号　二〇〇五年　同志社大学

「観心寺如意輪観音像と檀林皇后の夢」『文化史学の挑戦』二〇〇五年　思文閣出版

遠山　美都男（とおやま　みつお）

一九五七（昭和三十二）年生まれ

学習院大学大学院博士後期課程修了　日本古代史（日本古代の王権と国家）専攻

学習院大学非常勤講師

著書・論文

『壬申の乱』一九九六年　中央公論社

『彷徨の王権』一九九九年　角川書店

『中大兄皇子』二〇〇二年　角川書店

『天皇と日本の起源』二〇〇三年　講談社

『古代日本の女帝とキサキ』二〇〇五年　角川書店

大﨑　哲人（おおさき　あきと）

一九六三（昭和三十八）年生まれ

京都教育大学教育学部卒業　日本考古学（古墳時代）専攻

㈶滋賀県文化財保護協会　調査整理課主任

著書・論文

「大津市北郊の後期古墳の再考」『滋賀県埋蔵文化財センター紀要』2　一九八七年　滋賀県埋蔵文化財センター

「滋賀県における窯業生産の展開」『史想』第21号

一九八八年　京都教育大学考古学研究会

「滋賀県下における掘立柱建物の成立契機について」『紀要』第2号　一九八九年　財団法人滋賀県文化財保護協会

「大津市大通寺3号墳出土須恵器の紹介」『紀要』第4号　一九九〇年　財団法人滋賀県文化財保護協会

「土師器甕の変遷とその背景—近江型土師器成立への諸段階—」『紀要』第6号　一九九三年　財団法人滋賀県文化財保護協会

「推定禾津頓宮の発掘調査」（共著）『条里制・古代都市研究』第19号　二〇〇三年　条里制・古代都市研究会

畑中　英二（はたなか　えいじ）

一九六七（昭和四十二）年生まれ

龍谷大学文学部卒業　考古学専攻

㈶滋賀県文化財保護協会　企画調査課主任

著書・論文

『古墳出土須恵器集成』第2巻・近畿Ⅱ（共著）一九九八年　雄山閣出版

『信楽焼の考古学的研究』二〇〇三年　サンライズ出版

「甲賀寺小考」『ザ・グレイトブッダ・シンポジウム論集第2号　論集東大寺創建前後』二〇〇四年　法蔵館

「信楽水指」『茶陶の美　第2巻　桃山の茶陶』二〇〇五年　淡交社

「中世勢田橋界隈のみち・はし・ふね」『中世のみちと橋』二〇〇五年　高志書院

大仏はなぜ紫香楽で造られたのか―聖武天皇とその時代―

2005年11月20日　初版第1刷発行

編　集　財団法人滋賀県文化財保護協会
滋賀県立安土城考古博物館
滋賀県立琵琶湖文化館

発　行　財団法人滋賀県文化財保護協会
滋賀県大津市瀬田南大萱町1732-2
TEL077-548-9780　〒520-2122

制作・発売　サンライズ出版
滋賀県彦根市鳥居本町655-1
TEL0749-22-0627　〒522-0004

ISBN-4-88325-287-6 C1021